매출 100배 올리는 서비스 심리학

매출 100배 올리는 서비스 심리학

김근종(서비스전문 컨설턴트) 지음

중앙경제평론사

머리말

어떻게 하면 고객에게 만족스런 서비스를 제공할 수 있을까? 서비스 업종에 근무하는 사람이라면 이런 생각을 한두 번쯤 해보았을 것이다. 고객에게 만족스런 서비스를 제공한다는 것은 쉬운 일 같지만 절대 그렇지 않다. 고객의 심리를 정확하게 꿰뚫어보지 못한다면 고객의 마음을 사로잡는 서비스가 불가능하기 때문이다.

서비스를 아주 잘 한다고 소문난 서비스 달인들은 한마디로 표현하자면 고객심리학의 대가라고도 할 수 있다. 그들은 고객을 보는 순간 조금 비켜서서 사고하는 데 익숙하다. 그저 말 한마디 툭 던져보고는 '저 고객은 너무 깐깐해' 라고 판단하는 것이 아니라 '깐깐하게 보이지만 의외로 남을 배려하는 면도 있는 것 같아' 라고 한 발 물러서서 사고하는 데 익숙하다.

수직적 사고로 고객을 보는 것이 아니라 측면적 사고를 갖고 대하기 때문에 항상 고객을 편안하게 배려한다. 쉬운 일 같지만 실제 행동으로 옮기려면 무척 힘든 것이 바로 측면적 사고이다.

그렇다면 어떻게 해야 서비스 달인들이 갖고 있는 측면적 사고에 익숙해질 수 있을까. 간단한 문제는 아니다. 고객의 심리를 한눈에 파악하는 예리한 통찰력이 없이는 힘든 일이다. 고객의 마음을 읽는다는 것은 심리를 이해해야 하므로 쉽지 않다.

한마디로 표현하자면 심리기술이 필요하다. 운전을 잘하기 위해서는 훌륭한 운전기술이 필요한 것과 마찬가지로 서비스도 기술이 필요하다. 단지 그 기술이 사람을 읽는 심리테크닉이라는 점이 운전기술과 다르다.

심리테크닉을 기르기 위해서는 부단히 노력해야 한다.

고객 서비스를 잘 하기 위해서는 우선 완벽한 심리테크닉을 고객에게 자유자재로 적용시키는 서비스 달인의 행동이나 사고를 이해할 수 있어야 한다.

서비스 달인들이 고객을 대하는 심리테크닉은 상상을 초월한다. 이들이 사용하는 방식을 그대로 따라하기만 해도 고객 감동을 넘어 고객에게 커다란 만족감을 전해줄 수 있을 것이다.

지금 이 순간 고객 서비스를 어떻게 해야 제대로 할 수 있을까? 한 번 악수한 고객을 어떻게 평생고객으로 만들 수 있을까? 이런 고민에 빠진 사람이라면 이 책 한 권으로 모든 궁금증을 해결할 수 있다. 서비스 달인들이 사용하는 방식을 그대로 따라한다면 고객 서비스는 더 이상 고민할 필요가 없다고 확신한다.

요즘 불황이 깊어가고 있다. 고객들도 떠나고 매출도 떨어지고 있다. 해결책은 심리테크닉을 적극 활용해 고객을 감동시키는 방법밖에 없다. 고객을 감동시키고, 나아가 고객이 원하는 것이 무엇인지 정확히 간파해 적절히 대응하는 비즈니스맨, 자영업자, 기업들만이 불황을 타개해나갈 수 있다.

김근종

차례

1장 자신감이 있어야 고객도 만난다

2장 고객 중심으로 사고를 전환하라

3장 분위기 파악을 잘 해야 한다

4장 나를 바꾸자

5장 고객의 마음을 읽어라

1장

자신감이 있어야 고객도 만난다

마음먹은 대로 행동한다

꿈속이라도 기분 나쁜 말을 하면 좋지 않다

이혼한 친구가 전화를 걸어와 술 한잔 하면서 "김 교수, 나는 두 번 다시 여자를 만나지 않을 거야. 만나는 사람 모두가 싫어졌어. 나는 여자하고는 인연이 되지 않는 모양이야"라면서 불만을 터트렸다. 물론 친구의 마음을 모르는 것은 아니다. 얼마나 스트레스를 받았으면 그런 말을 하겠는가.

두 번 다시 여자는 만나지 않을 것이라는 말은 오직 선택한 대안 이외에는 아무것도 없음을 의미한다. 그러나 친구의 경우 평소에도 "과장이 영 마음에 안 들어. 그런 사람하고는 절대로 같이 일할 생각이 없어"라는 말을 종종 한다. 말을 할 때마다 이처럼 극단적인 말을 아무 거리낌 없이 내뱉는다.

말이 씨가 된다고 좋지 않은 말을 자꾸 하다 보면 결국 말한 내용 그대로 되는 경우도 있다. 그래서 사람들은 큰 대회나 시험을 앞두고 절대 기분 나쁜 말을 하지 않는다. 꿈속에서라도 기분 나쁜 말을 하면 좋지 않은 징후가 나타난다고 믿기 때문이다.

사람들은 보통 자신이 어떻게 하겠다고 결심하면 언젠가는 결심한 대로 행동으로 옮기는 경우가 많다. 음식을 먹고 한 번도 돈을 낸 적이 없는 친구에게 속으로 '어디 두고 보자. 내가 언젠가는 너에게 크게 골탕 한번 먹일 거야' 라고 생각하면 언젠가 행동으로 옮길 확률이 매우 높다는 것이다. 이를 두고 '자기 충족적 예언' 이라고 한다.

고객과의 관계에서도 이런 방식이 종종 적용된다. 고객과 여러 번 불화를 일으켜 속이 상할 대로 상한 사람은 거의 절망적으로 고객을 만나는 것에 대해 두려움을 느낀다. 이로 인해 고객과의 실망스러운 경험이 결국 자신이 의도하지 않은 방향으로 흘러갈 수도 있다.

사람들은 자신의 신념과 일치하는 행동을 추구한다

예를 들어 미팅에 참가하여 만족스런 결과를 얻지 못한 남학생이 '나는 안 돼. 절대로 안 되는 모양이야. 여자들은 나한테 호감을 갖지 않아. 앞으로 절대 여자를 만나지 않을 거야' 라고 속으로 다짐하면, 다시는 여자를 만나지 않겠다는 바로 그 생각으로 인해 실제로도 그렇게 될 수 있다.

사람이란 자신의 신념과 일치하는 행동을 추구하게 마련이다. 문제는 자신이 굳게 믿는 신념은 꼬리를 물고 계속해서 행동으로 옮길 확률이 높다는 것이다.

'반드시 이겨야 한다', '전적으로 당신 책임이다', '두 번 다시 만나지 않을 거야', '무조건 내 책임이야' 등과 같이 강력한 메시지를 전달하는 말은 다른 선택의 여지가 없이 오직 한 가지만 선택하겠다는 아주 강한 신념이 내포된 사고라고 할 수 있다.

이를 앨버트 엘리스는 '비합리적 사고' 라고 불렀다. 한 번 좋지 않은 경험을 하게 되면 이런 사고는 무의식적으로 사람들의 머릿속에 저장되어 생각과 행동으로 표출된다는

것이다. 이런 생각을 지속적으로 하게 되면 사람들을 만나는 것 자체가 부정적인 시각으로 나타날 수 있다. 만약 서비스 업종에 종사하는 사람이 이런 유형의 비합리적 사고에 길들여져 있다면 고객과의 관계는 굳이 말을 하지 않아도 뻔한 일이다.

인간관계를 잘 하는 사람이 고객과의 관계도 역시 잘 한다고 보면 된다. 고객과 비즈니스를 하면서 일이 잘 풀리지 않으면 "나는 어쩔 수 없어. 다시는 그런 일을 하지 않을 거야"라며 자포자기할 것이다. 그렇다면 이런 문제를 어떻게 해결할 수 있을까? 특히 고객과의 관계에서 말이다.

강한 신념이 내포된 부정적인 사고는 금물

고객을 만나다 보면 이런저런 이유로 마음에 들지 않는 경우도 있고, 정성을 다해 서비스를 해도 고객이 만족하지 않는 경우도 있다. 이런 경우 비합리적 사고에 젖어 있는 사람이라면 크게 실망하여 "나는 앞으로도 고객과의 관계를 원만하게 처리하지 못할 것 같아. 고객 서비스가 적성에 맞지 않는다구" 하면서 실망에 젖어 힘이 빠진다. 정작 본인은 최선을 다했다고 생각하면서 말이다.

이런 경우 좀더 적극적인 사고를 가져야 한다. "이번에는 고객에게 제대로 서비스하지 못했지만 다음번에는 좀더 노력하면 더 잘 할 수 있을 거야"라면서 스스로를 위로한다. 그리고 상황을 면밀히 직시하여 새로운 돌파구를 찾는다. "다음번에는 고객과의 관계에서 좀더 최선을 다하자. 이번 고객은 정말 상대하기 힘든 고객이었어. 새로 시작한다는 마음으로 열심히 노력하면 될 거야, 반드시…"라면서 말이다. '반드시'라는 말을 부정적인 시각에서 외치는 것이 아니라 긍정적인 시각에서 외치는 것이다.

서비스 업종에 종사하는 사람들은 매일 고객과 상담하거나 비즈니스를 한다. 다양한 특성을 가지고 있는 고객들의 비위를 맞추기란 여간 어려운 일이 아니다.

그래서 고객 서비스 부서에 처음 발령받은 신입사원은 고객으로 인해 화가 나는 경우도 있고, 상식적으로 도저히 이해하지 못할 정도의 고객을 맞아 당황하는 경우도 많이 있다. 이런 경우 크게 실망하고 절망에 빠져 일의 능률이 오르지 않는 사람도 많다. 그러나 당신은 문제를 냉정하게 파악하고, 현재의 기분을 전환시킬 계획을 세워 행동에 옮겨라.

스스로 자기 충족적 예언에 사로잡혀 눈물과 오기로 고객을 대할 것이 아니라, 비합리적인 사고가 더 이상 파고들지 못하게 철저하게 장벽을 치는 것이다. 그리고 오늘부터라도 말을 바꾸자. "나는 최선을 다했지만 고객은 만족하지 못했다. 그리고 나에게 거친 항의와 불만을 토로했다"라고 말이다.

만약 이런 경우 "절대로 저런 유형의 고객은 안 만날 거야"라고 다짐한다면 앞으로 똑같은 상황이 발생할 때 어떻게 처리할 것인가. 앞으로 골치 아픈 고객을 안 만난다는 보장은 없다. 골치 아픈 고객을 만날 때마다 스트레스를 받고 고민할 필요가 없다는 것이다.

고객 서비스 업무에 오랫동안 종사해온 서비스 달인들은 골치 아픈 고객을 만나도 전혀 개의치 않는다. 골치 아픈 고객을 만날 때마다 "저런 골치 아픈 고객을 다시는 만나지 말아야지"라고 눈물과 오기로 고객을 대하다 보면 그런 비합리적 사고가 나중에도 계속 발생할 수 있기 때문이다. 자칫 자기 충족적 예언에 빠져들 수도 있기 때문이다.

이뿐인가. 서비스 달인들은 자신이 고객에게 사용하는 말에도 극단적인 용어를 쓰지 않는다. 예를 들면 "절대 고객님에게만 혜택을 드릴 수 없습니다", "반드시 요금을 지불해야 합니다"와 같은 말은 하지 않는다. '절대'나 '반드시'라는 말 역시 매우 극단적인 용어이다.

이런 극단적인 용어는 고객이 싫어하는 말이기도 하지만, 가장 중요한 문제는 이런 극단적인 말을 자꾸 사용하다 보면 자신이 극단적인 행동으로 실천할 수도 있기 때문이다.

그래서 서비스 달인들은 꿈속에서도 기분 나쁜 말을 하지 않는다. “반드시 지불하십시오”, “절대 안 됩니다”라는 말은 다른 선택의 여지가 없음을 고객에게 강력하게 시사하는 말이다. 이는 고객을 위한 서비스 용어라고 할 수 없는 말 아닌가.

서비스 달인들의 평소 대화는 매우 부드럽다. 이들의 인간관계 역시 매우 부드럽다. 친구관계, 가족관계, 비즈니스 관계 등 모든 면에서 이들은 극한 행동이나 용어를 자제한다. 이런 습관이 몸에 배어 있지 않으면 서비스 달인이 될 수 없다. 서비스 업체에서 오랫동안 근무했다고 해서 서비스 달인이 되는 것은 아니다. 평소 부정적인 자기충족적 예언이나 비합리적 사고에 젖어 있는 사람들은 서비스 달인이 될 수 없다.

서비스 달인들은 어떤 경우에도 고객이 들어 기분 나쁜 말을 하지 않는다. 고객 앞에서 뿐만 아니라 어느 장소에서 누구를 만나도 기분 나쁜 말을 하지 않는다. 그런 생각과 행동을 한다는 것 자체가 자칫 잘못하면 고객 서비스를 할 때도 행동으로 드러날 수 있기 때문이다.

따라서 서비스 달인으로 입문하기 위해서는 지금 이 순

간부터라도 주변 사람들과의 관계에서 나오는 말이나 행동, 사고에 대해 좀더 신중해야 한다. 가능한 한 과격한 자기 충족적 예언이나 비합리적 사고에 물들지 않게 항상 유의한다. 극단적인 용어보다는 부드러운 용어, 부정적 사고보다는 긍정적 사고, 비합리적 사고보다는 합리적 사고로 전환시키기 위해 꾸준히 노력하면 어떤 고객을 만나더라도 만족스러운 고객관계를 형성해나갈 수 있을 것이다.

Check point

당신은 '절대', '반드시' 라는 말을 자주 사용하는 편입니까?

■ 서비스 달인의 심리테크닉

고객과 대화하면서 극단적인 용어는 피하고, 싫어하는 사람과 억지로 맞추려고 하지 않습니다. 자기 스스로에 대한 만족감이 대단합니다.

측면적 사고와 수직적 사고

1%만 생각을 바꾸어도 전체를 바꿀 수 있다

어려운 일이 닥쳤을 때는 '아니, 이 문제를 어떻게 풀어야 한단 말인가?' 하고 걱정부터 하게 된다. 어떤 문제가 나에게 정면으로 다가올 때 쉬운 문제라면 간단하게 처리하겠지만 어려운 문제라면 일단 고민하게 된다.

그러나 문제라는 것도 바라보는 시각에 따라 달리 해석할 수 있다. 똑같은 사물을 보고도 두 사람이 상상하는 것은 다를 수 있다.

일반인이 보기에는 전혀 의미가 없는 돌덩어리도 수석을 전문적으로 수집하는 사람의 눈에는 엄청난 가치가 있는 돌로 보일 수 있다. 이는 돌을 어떻게 보느냐에 따라 달리 해석하는 것이다. 아마도 이들은 일반인들이 보지 못하는 어떤 면을 보기 때문이 아닌가 싶다.

사람들은 항상 자신의 주장에 맞추어 사물을 판단하고 문제를 해결하려는 경향이 있다. 그러나 이런 사고는 자칫 문제를 해결하는 것이 아니라 오히려 문제를 더 복잡하게 만들 수 있다. 그래서 측면적 사고가 중요한 것이다.

사소한 아이디어가 엄청난 결과를 가져올 수 있다

미국의 한 호텔에서는 영업이 잘 되어 매일 로비에 고객들이 붐비고 있었다. 고객들이 연일 넘치다 보니 항상 줄을 서야 했으며, 고객들은 호텔에 들어오면 짜증이 났다. 체크인을 하는 데 시간이 많이 걸리기 때문이다. 호텔에서는 어떻게 하면 고객이 줄을 서지 않고 곧바로 객실로 들어가게 할 수 있을까 고민했다.

물론 체크인을 하지 않고 돈도 미리 받지 않으면 해결될 수 있지만, 이는 고객으로부터 돈을 못 받을 위험도 있어 고민이었다.

이때 호텔에서 근무하는 최말단 직원 벨맨(고객의 짐을 운반해주는 종업원)이 아이디어를 냈다. "사장님, 호텔 로비에서 특이한 마술쇼를 보여주는 것은 어떻겠습니까?"

언뜻 생각하기에는 보잘것없는 아이디어였다. 무언가 획기적인 아이디어를 기대한 사장은 시시한 아이디어로 생각했을 것이다.

그러나 하루가 지난 후 다시 한 번 곰곰이 생각해보니 벨맨의 아이디어가 괜찮을 것 같았다. 하지만 아직 어떤 호텔에서도 로비에서 마술쇼를 보여준 적이 없는데 오히려 고객들이 더 짜증을 내지 않을까 걱정스러웠다.

그래도 아이디어가 참신하고 돈을 조금만 들여도 가능한 일이기에 사장은 한번 시도해보기로 결정했다. 만약 고객들이 마술쇼를 보고 재미있어 한다면 기다리는 시간이 지루하지 않아 만족스러워할 수도 있을 것이다.

사장은 즉시 로비에 작은 데스크를 준비하고 마술쇼를 시작했다. 그러자 고객들은 이구동성으로 "특이한 호텔이군. 마술쇼를 보여주다니 말이야. 거 참 재미있고 신나는데" 하면서 대단히 만족스러워했다. 호텔의 말단직원인 벨맨의 사소한 아이디어가 고질적인 문제를 창조적이고 홍

미로운 방식으로 해결한 것이다.

직원을 더 늘리거나 로비의 데스크를 확장해서 고객의 기다림을 해소한다는 것은 누구나 해결 가능한 아이디어이다. 문제는 돈을 들여야 하고, 이는 경영압박을 가져올 수도 있다.

이런 방식의 해결방법을 '수직적 사고'라고 한다. 문제를 해결하는 과정이 매우 좁고 한정되어 있으며, 창의적이지 못한 방법이라고 할 수 있다. 대부분의 사람들은 일단 문제가 닥치면 이런 사고로 문제를 해결하려고 한다.

그러나 호텔의 예에서 보는 바와 같이 간단하게 마술쇼를 보여줌으로써 고객의 흥미를 불러일으키고 기다림의 지루함을 없애버렸다. 문제해결이 고객 서비스 차원을 넘어서 고객감동, 아니 고객기절로 이어진 셈이다. 이런 방법이야말로 문제를 측면에서 해결하는 측면적 사고라 할 수 있다.

사물을 조금만 옆에서 보아도 다르게 보인다

놀라운 사실은 서비스 업종에 종사하는 사람들도 의외로

수직적인 사고에 젖어 있는 사람들이 많다는 것이다. 단지 서비스 분야에서 오랫동안 일했다고 해서 고객에게 그저 말 한마디 던져보고는 '저 고객은 너무 깐깐해', '저 고객은 너무 잘난 척해', '저 고객이 나에게 좋지 않은 감정을 갖고 있네' 등 송곳같이 뾰족한 방식으로 고객을 바라보는 경우가 많다. 이런 사고방식은 매우 위험하다.

진정한 서비스 달인들은 그런 생각을 하지 않는다. 이들은 고객을 바라볼 때 '깐깐하게 보이지만 의외로 남을 배려하는 면도 있는 것 같아', '아는 체를 많이 하지만 실제로도 지적 수준이 대단한 것 같아', '저 고객은 나를 좀더 알고 나면 이해할 거야' 라고 한 발짝 비켜서서 사고한다. 이렇게 되면 자신이 고객으로부터 찾지 못한 부분까지 기대하면서 찾게 된다.

사람들이 화를 내고 싸움을 하는 이유 중 하나는 상대방에 대해 조금만 시간을 갖고 옆에서 바라보면 달리 보일 수 있는데 그렇게 하지 못하기 때문이다. 이는 수직적 사고에 너무 익숙해져 있기 때문이다.

벨맨과 같이 측면적 사고에 익숙한 직원은 사소한 아이디어라 해도 호텔 고객관리 차원에서 엄청난 문제점을 해결할 수 있다. 호텔에 오랫동안 종사해온 직원이라도 평소 수직적 사고에 익숙해 있었다면 실로 해결하기 어려운 문제이다.

서비스가 나쁘다고 소문난 음식점이 있었다. 사장은 어떻게 하면 획기적으로 서비스를 개선할까 고민이 이만저만이 아니었다. 이미 고객들에게 서비스가 나쁘다고 소문이 난 상태였기 때문에 이를 뒤집을 아이디어가 필요했다. 일단 다른 음식점에서 하지 않는 획기적인 아이디어가 필요한 것이다.

그런데 음식점에 자주 들르는 단골고객이 한 분 계셨다. 그분은 음식점의 직원과 사장은 마음에 들지 않았지만 이 음식점에서 팔고 있는 음식이 너무 마음에 들어 자주 들르곤 했다. 사장은 단골고객에게 다가가 이런저런 이야기를 하면서 우리 집에 자주 오시니 서비스 개선을 위해 한마디 해달라고 청했다.

그는 "종업원들이 너무 거만하고 게다가 사장까지 거만하다고 하니 우선 몸을 낮추시오"라고 말했다. 사장이 듣기에는 당연한 말이다. 몸을 낮추기 위해서는 고객에게 친절한 말과 인사를 하면 된다고 생각하지만 이참에 확실한 것을 고객에게 보여주고 싶었다. 또한 친절한 음식점으로 소문난 집 역시 종업원들이 인사를 잘 하고 사장이 친절하기 때문에 그런 것보다는 뭔가 획기적인 방법을 찾기 위해 고민한 것이다.

그런데 단골고객이 하는 말은 "일단 돈을 받는 음식점의 카운터부터 낮추시오"라는 것 아닌가. 지금껏 사장이 뻣뻣했으니 친절한 인사와 더불어 몸을 낮춘다는 것을 단번에 알 수 있는 행동으로 고객에게 보여주라는 것이다.

좀더 자세하게 설명하면 음식을 먹고 돈을 내는 고객의 자리보다 돈을 받는 카운터 사장의 자리를 50센티미터 정도 낮추면 고객은 위에서 아래로 돈을 건넬 것이고, 사장은 아래에서 위로 거스름돈이나 신용카드를 주고받을 것이다.

우스운 이야기 같지만 실제로 이렇게 해서 고객 서비스를 확 개선시킨 음식점도 있다. 사장은 고객에게 돈을 받으면서 스스로 몸을 낮춘다는 생각을 하게 되었고, 이는 전 직원의 마음을 친절 서비스로 확산시키는 계기가 되었기 때문이다.

문제를 뒤집어 보기도 하고 옆으로 보기도 하면서 측면

적인 사고에 익숙해져야 한다. 음식점 사장이 직접 고안해낸 아이디어는 아니라 할지라도, 고객에게 아이디어를 구하는 것 자체도 측면적 사고를 받아들이는 자세를 사장이 지니고 있었기 때문에 가능한 일이었다.

또 한 가지는 문제를 보는 시각을 달리하는 것이다. 이는 측면적 사고에서 나온다. 심리학자인 디보노는 문제를 새로운 방식으로 개념화하면 우리의 에너지를 다시 집중하게 되고 해결책을 찾아내고자 하는 동기와 흥미가 증진된다고 하였다.

고객관계 역시 새로운 방식으로 개념화시킬 필요가 있다. 수직적 사고에 너무 익숙해져서 항상 틀에 박힌 방식으로 고객을 대한다면, "사장이 너무 직선적이야", "사장이 너무 계산적이군", 이런 식의 이미지로 고객에게 비쳐진다.

사람들은 너무 완벽한 사람은 좋아하지 않는 경향이 있다. 이는 수직적 사고와도 무관하지 않다고 생각한다. 상대방을 수직적 관점에서 바라보면 상대방의 좋은 점을 간파하기가 무척 어렵다. 수직적 사고는 주로 부정적인 시각으로 상대방을 평가하기 때문이다. "저 친구는 아니야",

"당신은 잘 하는 것이 뭐가 있어?", "왜 그 모양이야?"라는 말을 달고 다니는 친구가 있다. 그는 언제 어디서나 마치 훈련소에서 훈련병을 지도하는 것처럼 직선적이고 차가운 말을 한다. 말뿐만 아니라 밥을 먹을 때나 술 한잔 마실 때 역시 재미가 없다.

조금만 비켜서 재미있게 행동하고 사고해보라. 서비스 달인은 절대 수직적 사고에 익숙해 있지 않다. 항상 옆을 보고 배려할 줄 안다. 사람과 사물의 측면을 보고 사고하는 연습이 고객 서비스에서는 매우 중요하다.

Check point

당신이 수직적 사고에 익숙해 있다면 측면적 사고로 전환하기 위해 어떤 노력이 필요하다고 생각하십니까?

■ 서비스 달인의 심리테크닉

사소한 아이디어라도 무시하지 않으며 사물을 객관적인 시각에서 바라보려고 노력합니다. 주변에서 발생하는 아이디어를 노트에 기록하고 집에 가서 다시 한 번 생각합니다.

고객도 겪어봐야 안다

백문이 불여일견

사람을 처음 대면했을 때의 첫인상, 자신을 소개하는 순간, 만나는 과정에서의 느낌, 상대방과 비즈니스하면서 얽힌 이해관계 등 우리는 사람을 만나면서 상대에 대해 나름대로 간파한다.

일단 상대방을 간파하기 위해서는 나의 정보와 상대방의 정보가 서로 혼합되어가는 과정이 이루어진다. 각각의 정보에 대해 검색하고, 검색한 정보가 자신에게 효과가 없다고 판단될 때는 좋은 관계로 이어지지 못한다. 그래서 사람들은 이구동성으로 "사람은 겪어봐야 아는 거야"라고 말

한다.

사람과의 관계만 그런 것이 아니다. 만약 당신이 자동차를 구입한다고 가정해보자. 아마도 당신은 판매원의 그럴듯한 말만 듣고 차를 구입하진 않을 것이다. 자동차의 경우 직접 시승해보기도 하고 차를 구입한 사람들에게 이야기를 들어보기도 한다. 컴퓨터 역시 마찬가지이다. 그저 겉모습만 멋있다고 컴퓨터를 구입하는 것은 아니다. 이는 정확한 정보를 취득하기 위한 노력이다.

정확한 정보는 실수를 줄여주는 역할을 한다

이를 두고 인간관계에 비유해서 종종 이런 말을 한다. "그 사람은 피드백이 어때?" 한마디로 말하면 "그 사람을 만나보니 어때?"라는 의미이기도 하다. 인간관계에서 피드백을 얼마나 빨리 정확하게 내리느냐는 당신의 대인관계가 성공으로 가느냐 그렇지 않느냐를 결정하는 데 중요한 역할을 한다.

호텔에서도 처음 오는 고객에 대해서는 잘 모른다. 그러나 하루, 이틀 지나고 나면 고객의 특성이 나타난다. 이런 것들 역시 고객의 피드백 과정을 거쳐 얻는다. 고객이 전화로 문의하는 과정에서의 목소리, 식사할 때의 반응, 의상 등 여러 가지로 판단한다.

한번은 호텔에서 이런 일이 있었다. 괌에서 아주 큰 사업을 한다는 사람이 필자가 근무하는 호텔에 온 적이 있었다. 그는 첫마디로 "이 호텔에서 최고 비싼 객실이 얼마입니까?"라고 묻는 것 아닌가. 사실 호텔에서는 객실요금을 할인해달라, 또는 중간 가격대가 얼마냐, 이런 유형의 질문이 대부분이지, 도착하자마자 가장 비싼 요금이 얼마냐고 묻는 경우는 드물다.

돈이 너무 많아 어쩔 줄 모르는 고객으로 보였다. 첫마디로 가장 비싼 객실을 요구하니까 말이다. 옷차림을 봐도 돈이 많아 보였다. 손에 차고 있는 시계나 목걸이, 가방 등도 분명히 돈이 많은 사람임을 알려주었다.

백화점에서도 마찬가지이다. "이 매장에서 가장 비싼 양복을 보여주시겠습니까?"라고 말하면 아마도 판매원은 '대단한 고객이군' 하면서 다른 고객과는 차별을 둘 것이다. 게다가 입고 있는 복장도 고급스럽다면 말이다.

다시 화제를 돌려 호텔로 돌아가 보자. '비싼 객실을 요

구하는 것만 보아도 이 고객은 돈 많은 백만장자인 모양이군' 하고 판단한 후 고객에게 1박에 100만 원짜리 객실을 권했다. 그러자 고객은 두말없이 "그 객실로 합시다" 하는 것 아닌가.

이쯤 되면 고객에게 여러 말 할 것 없이 빨리 객실을 제공하고 돈은 나중에 받는 것이 고객의 신분을 고려하여 좋은 일이다. 일단 VIP 고객이라고 판단되면 나중에 계산하도록 하는 것이 고객 서비스 차원에서 최고라고 교육받았기 때문이다.

그러나 나중에 알고 보니 고객은 교도소에서 출소한 지

얼마 안 된 사람이었고, 호텔에 가서 이런 식으로 말하면 속아넘어갈 것이라는 정보를 교도소 수감동료에게 들었다고 한다. 결국 고객에게서 돈을 받지 못하고 말았다. 물론 필자가 호텔 신입사원 시절에 발생한 사건이다. 고객을 너무 쉽게 판단하여 실수를 저지른 것이다.

피드백은 구체적이고 명확해야 한다

얼마 전까지만 해도 "자기야, 나는 자기 없이는 죽을 것 같아"라고 외치던 신혼부부, 매일 저녁 공원에 나와 손을 잡고 거닐던 바로 그 신혼부부가 이혼을 했다. "거참 알 수 없는 일이군." 사람들은 그 다정했던 신혼부부의 모습을 떠올리면서 다들 믿을 수 없다는 분위기였다.

이 역시 사람에 대한 피드백이 잘못 이루어진 경우이다. 호텔에서의 피드백과 다르지 않다. 피드백은 아주 중요한 것이다. 물론 이혼을 했다고 해서 문제가 있는 것은 아니지만, 처음부터 무언가 잘못된 것은 사실이다.

고객을 만나면서 고객에 대한 정보를 수없이 많이 접한다. 문제는 과연 나에게 전달되는 그 정보를 어떻게 판단하느냐이다. 이는 전적으로 나에게 달려 있다. 피드백은 사람에 따라 다르겠지만 대부분 바로 오는 경우가 많다. 고객을 만나는 순간 번쩍이는 섬광처럼.

'처음부터 가장 비싼 객실을 요구하다니 뭔가 미심쩍은 부분이 있는 듯한데' 라는 피드백을 받았다면 앞에서 이야기한 호텔 사건은 발생하지 않았을 것이다. 하지만 서비스 달인이 아니고서는 이런 피드백을 확인하기가 쉽지 않다. 서비스 프로와 달리 아마추어들은 고객의 외적인 모습만 보고 판단하기 때문이다.

피드백은 크게 두 가지로 나누어 설명할 수 있다. 하나는 외적 피드백인데, 이는 외부에 나타나는 것을 가지고 판단한다. 예를 들어 중고 자동차를 구입한다고 가정해보자. 자동차의 색깔이 마음에 들지 않거나 운전석 시트가 찢어졌다면 "흠 안 되겠군" 하면서 곧바로 부정적인 피드백이 온다. 고객을 판단할 때도 "옷이 너무 멋있어", "저 구두 좀 봐. 광이 번쩍번쩍 나네", "얼굴이 너무 잘생겼어" 등 외적인 피드백은 얼마든지 있다.

이런 외적인 피드백과는 달리 사람의 마음을 보고 결정하는 내적인 피드백이 있다. 사실 내적인 피드백을 간파하기란 쉽지 않다. 호텔이나 백화점에서 보는 바와 같이 사람의 겉모습만 보고는 판단하기가 어려운 것이 바로 내적인 피드백이다.

서비스 달인들은 내적인 피드백에 상당한 가중치를 두고 판단한다. 하지만 이제 막 서비스 업종에 발을 들여놓은 사람이라면 첫 대면에서 내적인 피드백보다는 외적인 피드백에 훨씬 더 많은 가중치를 부여한다. 이것이 바로 프로와 아마추어의 차이라고 할 수 있다.

그렇다고 외적인 피드백이 중요하지 않다는 것은 아니다. 외적인 피드백을 찾는 곳에서는 이것이 가장 중요한 요소가 되기도 한다.

예를 들어 나이트클럽에 가보면 외적인 피드백의 중요성을 실감할 수 있다. 웨이터가 사람들을 소개시켜주는, 소위 '부킹' 이라는 것이 있다. 이때 어찌나 빨리 상대방을 결정하는지 수분, 아니 어떤 경우에는 수초 내로 판단하기도 한다. "얼굴이 아닌데", "옷이 왜 저 모양이야" 하면서 이내 퇴짜를 놓는다. 좌석에 앉을 새도 없이 즉석에서 퇴짜를 놓는 것이니 얼마나 외적인 피드백이 살벌한 곳인지 가본 사람이라면 이해할 것이다. 이 역시 외적인 피드백으로 사람을 판단하기 때문에 그렇다.

외적인 피드백은 사람을 판단할 때 중요한 요소지만 자칫 너무 외적인 피드백에 의존하다 보면 호텔의 경우에서 보듯이 문제가 발생할 확률이 매우 높다.

외적인 피드백은 이미 설명한 바와 같이 겉모습으로 나타나는 것만 잘 하면 되지만, 내적인 피드백을 상대방에게 전달하기 위해서는 어떻게 해야 할까? 간단하지 않은 문제이다. 그러나 보상을 확실하게 하면 내적인 피드백을 전달하는 데 문제가 없다. 이는 상대방에 대한 정신적 · 물질적인 것을 모두 포함한다.

예를 들면 인간관계란 일방적인 관계가 될 수 없다. 한쪽이 당신에게 좋은 행동을 보여주었다면 당신 역시 그에 상응하는 좋은 행동을 보여주어야 한다. 자기 생일은 꼭 챙겨달라고 하면서 상대방의 생일은 모른 체하는 행동은 보상의 심리를 전혀 모르는 사람이라고 할 수 있다.

서비스 달인들은 보상을 잘 한다. 보상이란 말 그대로 상대방에게 정신적 · 물질적으로 배려받은 것에 대해 고마움을 표시하는 것이다. 이때 보상을 받은 사람은 계속적으로 좋은 행동을 보여주기 위한 가능성이 증가하는데, 이를 이를 '정적 강화' 라고 한다. 정적 강화는 사람과 만나면서 아주 필요한 행동이며, 상대방의 심리를 잘 알 수 있는 인간관계의 도구이다. 지속적으로 서로의 관계를 원만하게 유지시켜주고, 상대를 배려하고 상대로 하여금 좋은 행동을 계속하도록 동기를 부여해주는 것이기도 하다.

정적 강화는 상대방의 반응이 발생한 직후 바로 해야 최고의 효과가 일어나는 것은 물론이고 상대방이 당신에게 관심을 갖는다. 생일이 한참 지난 후에 "생일이 언제지?" 라고 묻는다거나 선물을 받아놓고도 전혀 무관심한, 즉 보상을 할 줄 모르는 남자친구는 정적 강화의 본질을 이해하지 못하는 사람이다. 아마도 머지않아 헤어질 확률이 매우 높으며, 다른 사람을 만나도 제대로 인간관계를 맺지 못할 사람임에 분명하다.

서비스 달인들은 단골고객을 챙겨주는 것에도 인색하지 않다. 문자 메시지를 보내기도 하고 축하전화도 한다. 단골고객이 호텔 객실에 투숙하면 과일도 무료 서비스로 제공한다. 그리고 항상 먼저 인사한다.

더욱이 놀라운 사실은 고객관계에서 보상을 해주는 것은 물론이거니와, 평소 인간관계에서도 상대방에게 먼저 베

푸는 것에 익숙하다. 그래서 서비스 달인들은 언제 어느 곳에서 고객을 만나도 고객을 만족시키는 데 아무 문제가 없다. 정적 강화의 본질을 제대로 파악하고 있기 때문이다.

Check point

당신은 사람을 평가할 때 내적 피드백을 중요시 합니까?

■ **서비스 달인의 심리테크닉**

항상 정확한 정보에 근거하여 판단하려고 노력합니다. 상대방에게 보상을 받기 전에 먼저 보상하는 것에도 인색하지 않습니다.

자신을 생각할 시간을 갖자

나 자신을 통제하려면 자주 생각하라

싸우고 나서 서로 화해하면 문제가 없지만 말다툼을 벌인 뒤 각자의 길로 간다거나 하는 일이 반복되면 서로가 평행선으로 이어져 결국 지척의 거리를 두고도 앙숙이 되는 경우가 있다. 두 사람 모두에게 문제가 있는 경우도 있고, 한 사람이 문제인 경우도 있다.

자신의 행동에 대해 기록하는 습관을 들여보자. 자신의 행동을 기록한다는 것은 무척 힘든 일이 아닐 수 없다. 그러나 습관을 잘 들인다면 이보다 더 효과적으로 자신의 행동을 통제하고 감독하는 것은 없다. 더구나 기록하기 전보다 훨씬 더 자신을 돌아볼 수 있다. "지난 주에 그 사람과 다툰 것에 대해 곰곰이 생각해보니 내가 잘못한 것이군" 하면서 자신에 대해 다시 한 번 돌아보는 기회가 된다. 사람과의 분쟁은 싸움하는 현장에서는 이성적인 판단을 내리기가 쉽지 않다.

여자친구와 다투었을 때도 노트를 준비해서 그 원인에 대해 짚어보자. "내가 너무 욕심이 많았어. 조금만 더 양보했어야 하는데" 하면서 나 자신에 대해 생각할 시간을 갖는다.

일주일 단위로, 또는 2~3일 단위로 최근 발생한 사건, 다툼, 사랑, 배려, 감사 등에 대해 꼭 짚어보자. '지난 주 친구에게 술 한잔 얻어먹었는데' 하는 내용을 기록해보자. 그리고 '어제는 친구와 돈 문제로 다투었는데' 하는 식으로 지난 며칠 동안 발생한 내용에 대해 검토한다.

이런 행동은 자기 감시와 자기 통제를 하기 위한 하나의 수단이라고 보면 된다. 우리는 어릴 때부터 선생님, 부모님, 선배 등 주변 사람들로부터 항상 통제와 감시, 주의를 듣고 살았다. 만약 이런 통제와 주의가 없이 우리 멋대로 살았다면 어떤 일이 발생했을지 상상해보면 알 수 있다.

자기 감시와 통제는 꼭 필요하다

이런 통제가 우리의 행동을 억제하는 면도 있지만, 나쁜 행동으로 가는 길을 사전에 차단하는 효과도 있다. 즉 자기 감시와 자신에 대한 생각으로 당신의 행동을 옳은 방향으로 이끌어가는 것이다. 특히 매일 고객과 접촉하는 부서에 근무하는 직원이라면 자기 감시와 자기 통제는 꼭 필요하다.

자기 감시와 통제를 하지 않으면 행여 고객과 분쟁이 일어날 때 감정을 억누르지 못해 큰 불상사가 발생할 수도 있기 때문이다. 고객과 분쟁이 일어나 직원과 고객이 동시에 경찰서까지 끌려가는 경우를 여러 번 목격했다. 자기 감시와 자기 통제가 미약했기 때문에 이런 일이 발생하는 것이다.

자기 감시와 통제는 당신이 주변으로부터 관찰되는 것에 반응하는 것이다. 이를 두고 '반응성의 효과' 라고 부른다.

서비스 업체에 근무하는 서비스 달인들은 매일 수많은 고객들과 접촉한다. 현장에서 고객들과 접촉할 때는 정신 없이 일하기 때문에 때로는 고객에게 소홀히 하는 경우도 있다. 그러나 근무가 끝나고 집에 돌아와서 지난 며칠 동안 고객과의 사이에 발생한 일에 대해 생각하는 시간을 가져보자. 고객에게 제대로 서비스를 하지 못한 것에 대한 아쉬움이 남을 것이다. 그런 점을 노트에 적어 다음부터는 실수하지 않도록 한다.

고객 서비스도 마찬가지로 당신의 행동과 말에 대해 보이지 않게 고객으로부터 평가를 받고 있다. 고객으로부터 좋은 점수를 받으려면 오늘 내가 한 행동에 대해 지속적으로 기록하고 생각해봐야 한다. 서비스 달인들은 항상 고객관리 데이터를 만들어 기록하는 습관을 가지고 있다. 고객관리 데이터를 작성함으로써 고객 서비스를 한층 더 체계적으로 할 수 있다.

단골고객이 호텔을 방문하여 객실에 투숙하고 있다는 사실을 뒤늦게 알았다면 당장 확인해서 과일 서비스를 객실에 올리면서 간단하게 편지를 쓴다. "객실과 담당 ○○○입니다. 좋은 밤 보내십시오" 하면서 말이다. 이 역시 고객으로부터 평가를 받는 것이다.

또한 고객과 술을 마시면서 실수를 하지 않았는지, 며칠 전에 고객과 요금문제로 다투지는 않았는지 다시 한 번 점검해보고, 만약 그런 일이 있었다면 고객에게 정중하게 사과한다. 바로 이런 점 때문에 서비스맨들은 고객문제와 관련하여 생각할 시간을 자주 가져야 한다.

Check point

당신은 오늘 하루 자신을 돌아보는 시간을 가졌습니까?

■ 서비스 달인의 심리테크닉

노트를 준비해서 지난 며칠 동안 발생한 사건에 대해 기록하고 스스로에 대해 생각합니다. 잘한 점과 잘못한 점을 반성하고 내일을 어떻게 준비해야 할지 생각하고 난 뒤 잠자리에 듭니다.

자신감이 있어야 고객도 만난다

자신감을 가지면 두려울 것이 없다

사람을 만나는 데 있어 무엇보다도 중요한 것은 자신감이다. '내가 만나자고 하면 만나줄지 걱정이야' 라고 상대방을 만나기 전부터 걱정하는 사람들이 의외로 많다. 물론 사람을 만난다는 것은 쉬운 일이 아니다. 그리고 상대가 누구냐에 따라 부담이 되기도 한다.

그러나 일단 내가 만나고자 하는 사람이 있다면 과감하게 문을 두드려볼 필요가 있다. '뭐 다 같은 사람인데 못 만날 건 없지 않겠어' 하면서 말이다. 일단 당당하게 만나고 나면 '진작 만났어야 했는데' 하면서 지금까지 만나지 않은 것을 후회할 수도 있다.

사람을 당당하고 활기차게 만나는 것을 '내적 통제감이 있다'고 말한다. 내적 통제감이란 당신이 정한 목적이나 목표에 대한 결과를 얻으려는 의지나 투지이다.

사람들은 대부분 통제감의 영향을 받게 된다. 서비스 업종에 종사하는 사람들이 고객 서비스를 실천하는 데 있어서는 더욱 그렇다. 만약 당신이 고객을 대상으로 어떤 목표를 설정해놓고 기대하던 결과를 얻었다면, 당신은 내적 통제감에 큰 영향을 받게 된다.

특히 당신이 고객에게 서비스를 제공하는 과정에서 고객이 크게 만족하여 고마움을 표시했다면, 다음번에 다른 고객을 만나도 똑같은 목표에 대해 똑같은 결과를 얻을 수 있을 것이라는 확신을 갖고 행동으로 옮긴다는 것이다. 그래서 서비스 달인들은 계속 고객을 만족시킨다.

서비스 달인들은 고객 서비스만큼은 자신이 원하는 대로 끌어갈 수 있다는 확신을 가지고 있다. 고객을 상대하는 일에 대해서는 누구도 자신을 따라올 수 없다고 확신한다. 항상 자신감을 갖고 고객을 대하기 때문이다.

자신감을 갖기 위해서는 기본적으로 자신이 하고 있는

업무에 대해 능통한 지식과 정보를 가지고 있어야 한다. 보험회사 직원이라면 보험 관련 상식에 대해서는 누구보다 많은 것을 알고 있어야 한다.

고객을 만나는 내내 고객이 질문하는 것에 대해 만물박사가 되어야 한다. 보험에 관해서 만큼은 말이다. 아는 것만큼 자신감을 갖게 되는 것이고, 이는 곧 고객 서비스와 직결된다.

업무에 대한 자신감은 고객을 대하는 당당함으로 이어진다. 예를 들면 객실이 500실 되는 호텔에서 고객이 종업원에게 자신의 친구 객실번호를 물었다고 가정할 때, 즉석에서 "1150호실입니다"라고 답변했다면 고객은 무척 놀라워할 것이다. 컴퓨터 검색도 하지 않고 단숨에 고객의 이름을 암기하여 객실번호를 말해주었기 때문이다.

고객은 "정말 정확한 직원이군. 서비스가 대단해" 하면서 감탄하고, 추가로 궁금한 사항이 있을 때도 확실한 답변을 해준 그 종사원에게 다가가 친근하게 말을 건넨다. 고객은 호텔 종사원이 정확하게 답변한 것에 대해 '업무능력이 뛰어나다'고 표현하는 것이 아니라 '서비스가 대단하다'고 표현한다.

확실한 답변을 제공한 호텔 종사원은 고객의 우위에 서서 고객을 통제한 것이며, 자신의 페이스대로 고객을 끌어들였다고 할 수 있다. 고객은 종사원의 확실한 답변을 듣고 좋은 서비스를 받았다고 생각하고 좋은 감정을 가지게 되었기 때문이다.

그 직원은 내적 통제감이 있는 사람이라고 할 수 있다. 고객이 묻는 사항에 대해 머뭇거리며 한참 있다가 알려주는 종사원에 비해서 말이다.

객실을 담당하는 그 종사원은 500실 전체 투숙고객의 이름을 외웠기 때문에 가능한 일이다. 고객으로부터 칭찬을 들은 직원은 계속 자신감을 갖고 고객을 대할 것이다. 이는 한마디로 내적 통제감이 풍부한 직원이 아니고서는 힘든 일이다.

서비스 달인들은 내적 통제감이 풍부하다

이와는 반대로 매사에 '나는 안 돼' 하면서 부정적인 생각을 달고 다니는 사람들은 대부분 외적 통제감을 갖게 된다. 외적 통제감이 강한 사람은 스스로가 어떤 목표나 목

적을 달성할 수 없다고 믿는다. 자신의 목표를 달성하기 위해선 항상 주변의 누군가에게 의지해야 한다. 그리고 이들은 문제를 스스로 해결하는 것이 아니라, 주변에 있는 다른 누군가가 해결해주기를 기대한다.

이들은 대부분 노력이나 아이디어를 통해 만족감을 얻는 것이 아니라 운에 많이 의지한다. 만약 사소한 일로 고객과 문제가 발생했다면 "오늘 운이 아주 나쁜데" 하면서 문제의 원인을 단지 운이 나빴기 때문이라고 생각한다. 뿐만 아니라 시험성적, 인간관계 등 모든 면에서 외부에 의존하는 경향이 아주 짙다.

매일 고객과 마주치는 업종에 종사하는 사람들은 문제를 스스로 해결하고 자신감을 갖지 않으면 고객 서비스에 문제가 발생하는 경우가 많다. 이런 사람은 고객이 친구의 객실번호를 물었을 때 즉석에서 답변하지 못하고 우물쭈물한다. 그리고 고객으로부터 핀잔을 들으면 이내 자신감을 잃는다.

내적 통제감이 있는 사람은 자기 주장이 강하고 외향적이며 자발적이고 스스로 문제를 해결하려고 한다. 그러나 이와 반대로 외적 통제감을 가지고 있는 사람은 의존적이고 남에게 의지하려고 한다.

신념이 강하고 외향적이며 사교적인 사람들이 대부분 내적 통제감이 충만한 사람이라고 볼 때, 당신이 판단하기에 스스로 외적 통제감이 많은 사람이라고 생각되면 내적 통제감으로 전환하기 위해 많은 노력을 해야 한다.

고객을 만날 때는 무엇보다도 자신감을 가지지 않으면 안 된다. 서비스 마인드로 무장하면 누구를 만나도 두려워하지 않는다. 서비스 마인드로 무장하는 것은 바로 내적 통제감을 갖는 것이다.

그래서 서비스 달인들은 어떤 고객을 만나도 고객이 좋아하는 방향으로 비위를 맞추는 데 일가견이 있다. 이는 곧 자신의 업무에 대한 자신감, 당당함, 고객의 우위에 서서 통제하려는 신념이 있어야 가능한 일이다.

Check point

당신이 외적 통제감으로 충만한 사람이라면 내적 통제감을 갖기 위해 어떤 노력을 해야 한다고 생각합니까?

■ 서비스 달인의 심리테크닉

상대방을 배려하는 서비스 마인드를 갖게 되면 어떤 사람을 만나도 두려움이 없어집니다. 상대방의 눈높이에 맞추어 행동하고 말하기 때문에 상대방이 싫어하지 않는다는 믿음이 있기 때문입니다.

2장

고객 중심으로 사고를 전환하라

고객은 언제나 정당하다

얼굴을 자주 보여라

취미도 바꿀 수 있으면 바꿔라

기분일치 효과를 활용하라

고객의 기분이 최고조일 때 만나자

고객은 언제나 정당하다

상대방을 인정해주어야 대화가 이루어진다

"대화할 때마다 무슨 말인지 도무지 이해가 안 돼. 너무 아는 체를 많이 하는 사람이야", "항상 권위적인 말투를 사용해서 싫어", 상대방과 대화가 안 될 때 흔히 하는 말이다. 그러나 과연 누가 대화가 안 되는 사람인지 판단하기가 쉽지 않다. 서로가 상대방 잘못이라고 주장하는 경우 난감한 적이 여러분도 있었으리라.

대화를 하면서 상대방이 자신을 이해할 것이라고 생각하지만 정작 그 반대의 경우도 많다. 이런 문제는 서로에 대해 제대로 알지 못하기 때문에 발생한다. 그러나 이런 유형의 사람들은 정작 주변 사람들이 하나둘씩 말없이 떠나가고 있다는 사실을 전혀 눈치 채지 못하고, 오히려 한술 더 떠서 '도무지 대화가 안 돼. 상식이 모자란단 말이야. 평소에 책도 안 읽고 무식해', '어떻게 저런 사람하고 말을 해. 차라리 혼자서 채팅이나 하는 것이 속편하지' 하고 생각한다.

만약 서비스 업종에 종사하는 사람들, 그중에서도 매일 고객과 접촉하는 부서에 근무하는 사람들이 이런 생각을 가지고 있다면 고객 서비스에 상당한 문제를 일으킬 소지가 있다.

눈에 보이지 않는 거리감을 줄이는 방법

사람들은 사이가 좋지 않아 멀어졌을 때 '심리적인 거리가 있다'라고 한다. 이는 대화를 하고자 하는 사람과 불편한 관계에 있을 때 하는 말이다. 제3자가 보기에는 "저 사람들은 왜 저러는지 이상해. 배울 만큼 배운 사람들이 만나기만 하면 싸움을 하니 말이야. 그저 한쪽이 양보하면 될 텐데" 하면서 몹시 아쉬워한다. 심리적인 거리가 크다면 빨리 상대방과의 거리를 좁힐 수 있는 방법을 찾아야 한다. 심리적인 거리가 멀다 보니 가까이 있어도 먼 외국에 나가 서로 보지 않는 사람들처럼 낯선 사이가 되는 것이다.

말끝마다 손가락으로 가리키며 "이쪽으로 가세요" 한다거나 허리를 곧추세우고 팔짱까지 끼고는 "이런 식으로 하면 힘들어요. 내가 생각한 방식으로 하면 문제가 없는데" 하면서 거만을 떠는 사람이 있다. 이러다 보니 이광조가 부른 노래처럼 '가까이 하기엔 너무 먼 당신'이 되는 것이다. 가까이 있어도 먼 곳에 있는 사람처럼 보인다면 당신 주변에 사람들이 모이겠는가.

고객 서비스도 마찬가지이다. 일단 고객과의 관계에서 심리적인 거리를 줄이는 것이 중요하다. 더욱이 고객과의 관계성을 중요시하는 직업을 가진 사람이라면 심리적인 거리를 줄이는 방법을 하루빨리 터득할 필요가 있다.

성난 고객도 웃게 만드는 서비스 달인들의 공통적인 생각과 행동지침을 통해 심리적인 거리를 줄이는 방법을 알아보도록 하자. 이들은 고객을 항상 즐겁게 하고 당신과 헤어지는 것을 아쉬워하도록 만든다. 고객을 대하는 자세부터 다르다. 이들은 상황에 따라서 고객에게 '나는 왕입니다' 라는 행동을 하기도 하지만, '나는 당신을 위해 열심히 일하는 하인입니다' 라는 생각을 상대방에게 심어주기도 한다. 말 그대로 고객과의 심리적인 거리를 마음대로 조절한다.

호텔사업에서 크게 성공한 사람이 있다. 13세 때 호텔의 최말단 직원인 벨맨으로 시작하여 객실을 무려 4만 개나 넘게 소유한 스타틀러라는 사람이다.

그는 직원들에게 '고객은 언제나 정당하다' 라는 슬로건을 내걸어 수많은 고객들로부터 찬사를 받았을 뿐만 아니라, 근무하는 직원 모두에게도 좋은 사장님으로 널리 알려진 인물이다. 말 그대로 철저하게 서비스 마인드로 무장한 사장이라고 할 수 있다.

별의별 고객이 다 있다. 몰래 수건을 훔쳐가는 고객, 헤어 드라이어를 몰래 떼어가는 고객, 방값을 안 내고 야밤에 도주하는 고객, 일류 주방장이 만들어준 요리를 먹자마자 "이렇게 맛없는 요리가 다 있어" 하며 불만을 털어놓는 고객, 방이 적정 온도임에도 덥다고 우기는 고객, 자신을 알아보지 못한다고 신경질 내는 고객 등 이상한 고객도 많다.

그러나 스타틀러는 이런 이상한 사람도 자신의 호텔을 이용한 고객이라면 '언제나 정당하다'고 말한다. 고객과 종사원 간의 심리적인 거리를 확 줄인 사람이다.

만약 호텔에 투숙한 고객이 "방이 아주 더운데요"라고 강력하게 항의하는 투로 프런트에 전화를 걸었다고 하자. 전화를 받은 종사원이 생각하기에 분명히 오늘은 겨울 중에서도 가장 추운 날이다. 그런데 고객은 왜 덥다고 하는지 이상하다. "고객님, 오늘 날씨가 올 들어 가장 춥답니다. 어지간하면 그냥 견디시지요"라고 했다고 하자. 종사원의 이런 답변에 고객은 뭐라고 말할지 상상해보자.

모든 것을 자신의 기준에서 생각하고 행동하는 사람들이 의외로 많다는 사실은 우리를 놀라게 한다. 고객은 고객의 기준에서, 종사원은 종사원의 기준에서 행동하고 생각한 것이다. 이것이 바로 문제다. 고객관계 역시 자신의 기준에서 사람들을 대하고 행동하는 경우가 많다. 방이 덥다고 하는 것은 고객의 기준에서 말하는 것이다. 종사원의 기준이 아니라는 말이다. 그래서 고객은 화를 내는 것이다.

서비스 달인들은 화를 내지 않고 처리한다

자, 그렇다면 서비스 달인이라고 할 수 있는 스타틀러의 호텔 운영방식에 의거해, 고객은 언제나 정당하다는 생각으로 고객과의 심리적인 거리를 줄이는 방법에 대해 하나하나 짚어보겠다.

첫 번째는 서비스 업종에 종사하는 사람이라면 비판적인 사고를 제거해야 한다. 상대방의 사소한 습관과 행동에 대해 "저 사람은 안 된다니까" 하면서 매사 비판적인 사람이 있다. 이런 사람이 비판적인 사람을 만나면 첫마디부터 '핵전쟁' 은 저리 가라 할 정도로 무서운 싸움이 일어난다. 그래서 고객과 자주 다투는 것이다.

비판적인 사고를 이 순간부터 긍정적인 사고로 전환하

라. 평소의 습관을 통해 부단히 노력해야 한다. 사소한 것에 대해서 너무 신경질적이고 과민하게 반응하지 않는 것이 좋다. 그저 상대방이 생각하는 대로 놔둔다. 그리고 스타틀러처럼 고객은 정당하다는 말에 동참하라.

두 번째는 보답해주는 것에 항상 신경을 써라. 고객이 방이 덥다고 하면 이내 "금방 조치해드리겠습니다" 하고 방의 온도를 낮추어주면 된다. 고객이 화난 얼굴로 달아올랐다면 낮추어주면 된다. 간단한 문제다. 같이 열 받고 같이 냉각되는 데서 문제가 된다.

"뭐라고? 당장 때려치워! 열 받아 죽겠네, 이 자식"이라는 말이 떨어지기가 무섭게 "이 자식아, 나는 너보다 더 열 받아 죽겠어. 할 테면 해봐" 하고 외치기 때문에 큰 문제가 되는 것이다. 둘이 똑같이 열을 받았기 때문이다.

그저 고객이 정당하다고 생각해야 한다. 고객 서비스 부서에서 근무하면 평소에도 한 번쯤 외쳐보라. "고객은 정당하다"고 말이다. 그러면 간단히 해결되는 것이 의외로 많다. 세상에 꽁짜는 없다. 고객이 주장한 것에 대해 즉각적으로 해결해주면 평생고객이 된다. 다음부터는 충성고객이 되어 다른 호텔에는 가지 않고 자신에게 보답을 해준 호텔만 찾는다. 그리고 호텔에 올 때마다 당신을 찾을 것이다.

세 번째는 너무 간단하다. 그저 칭찬하는 것이다. "어떻게 그런 생각을 한 거예요?" 하면서 은근히 치켜세워준다. 돈이 들어가는 것도 아니다. 그저 말로 치켜세워주면 되는데 자존심이 상한다고 생각하지 마라.

서비스 달인들은 칭찬을 입에 달고 다닌다. "고객님, 아주 아름답습니다", "네, 아주 훌륭한 생각이십니다" 하면서 고객을 치켜세워주는 것에 인색하지 않다.

칭찬은 긴장을 풀어주는 가장 좋은 방법이다

서비스 달인 스타틀러가 주장한 대로 고객은 항상 정당하다는 것 역시 자세히 살펴보면 고객을 치켜세워주는 것이다. "이봐요, 웨이터 양반, 내가 당신 나이였을 때는 황소를 한 손으로 잡을 만큼 유명한 씨름선수였지. 대단했어"라고 하면 그대로 믿어주고 고객은 정당하다고 생각하면 된다. "아니, 요런 작은 손으로요? 믿어지지 않습니다. 그리고 이름을 들어본 적이 없는데요"라고 말할 것이 아니라, "대단합니다. 어떻게 그런 힘이……" 하면서 고객을 치켜세워준다. 고객이 그렇다고 말하는데 굳이 아니라고 따질 필요가 없는 것이다.

가만히 보면 싸움의 발단은 따지는 데서 시작된다. 당신이 지금까지 상대방과 다툰 원인을 잘 생각해보라. 물론 따질 것은 분명히 따져 시비를 가리는 것이 중요하다.

그러나 그 문제가 지금 당장 시비를 따질 만큼 중요한 문제인지 생각해봐야 한다. 문제의 발단은 아주 하찮은 일을 굳이 따지는 데서 시작된다. 그래서 서비스 달인들은 고객과 절대 따지지 않는다.

Check point

당신은 평소 칭찬하는 데 익숙한 편입니까?

■ **서비스 달인의 심리테크닉**

상대방을 대할 때는 고객을 대하듯 합니다. 자주 칭찬을 합니다. 상대방의 의견에 대해 가능한 한 끝까지 들어줍니다. 먼저 인사하는 것에 대해서도 인색하지 않습니다.

얼굴을 자주 보여라

얼굴이 험악한 사람도 자주 보면 부드러워 보인다

프리즈 스틸의 연구에 의하면 사람들은 대부분 대화할 때 물리적인 환경에 크게 좌우된다고 한다. 사람을 만나는 장소, 날씨, 테이블, 의자, 가구배치, 실내음악, 인테리어 등 모든 것이 물리적인 환경에 속한다.

뿐만 아니라 사람들이 앉는 의자의 배치는 상대방과 대화를 진행하는 과정에서 큰 영향을 미친다는 로버트 소머의 연구도 있다.

이 역시 넓게 보면 물리적인 환경이라고 설명할 수 있다. 가장 효과적인 의자배치는 탁자 모서리에 의자 두 개를 배치하는 방식이다. 이는 원활한 대화를 진행하는 데 크게 기여한다.

다음으로는 탁자를 사이에 두고 서로 마주보게 의자를 배치하는 방식이다. 이 역시 얼굴을 서로 마주보면서 대화를 진행하면 분위기가 좀더 부드러워질 수 있기 때문이다. 이처럼 시각적인 접촉이 사람들로 하여금 반응을 나타내도록 한다.

가장 나쁜 배치는 테이블 옆으로 나란히 의자를 두 개를 놓아 서로 얼굴을 보기가 어렵게 배치하는 것이다. 이는 가장 심각한 분위기를 연출할 수 있는 의자배치라고 한다. "어이구, 이 웬수 같은 놈" 하면서 얼굴 마주치는 것을 피한다.

이런 사실을 감안한다면 만나는 사람들이 좀더 원활하게 대화를 이끌어가게 하기 위해서는 테이블을 원탁으로 놓는 것이 좋다. 서로의 얼굴을 보면서 대화하기 때문에 가장 원만하게 커뮤니케이션이 이루어진다.

그러나 시각적인 접촉이 사람과의 관계에만 국한되는 것은 아니다. 잘 생각해보라. 감기에 걸려 약국을 찾으려고 한다. 집 주변에 약국이 있다는 소문은 들었는데 정작 근처까지 가서 몇 십 분을 헤매도 약국이라는 간판을 찾지 못했다. 그러다 한참 고생한 후에 약국을 찾았다면 아마도 '이 약국에 두 번 다시 오지 말아야지' 하며 약을 사면서도 기분이 나쁘다.

약국이라는 간판을 눈에 띄기 쉽게, 지나가는 길에 눈길만 주어도 바로 찾을 수 있게 설치한다면 그 약국을 찾는 사람들이 많을 것이다. 누구나 쉽게 찾을 수 있는 위치에 간판이 있기 때문이다.

이는 창업을 할 때 간판의 위치가 얼마나 중요한지 알려주는 교훈이다. 그래서 이발소의 간판, 미용실의 간판은 항상 요란한 색깔과 함께 빙빙 돌아간다. 간판 색깔도 요란하게 하고 눈에 확 띄게 해야만 사람들이 쉽게 찾을 수 있기 때문이다.

한마디로 말해서 고객과 친해지기 위한 것이라고도 할 수 있다. 이렇듯 모든 것은 물리적인 환경인 시각적 효과가 매우 중요하다. 이는 고객 서비스와도 밀접한 관계가 있다.

고객도 자주 봐야 친해진다

당신은 아내나 남편을 어쩌다 한 번 보고 결혼하지는 않았을 것이다. 간혹 중매로 딱 한 번 만나고 결혼하는 사람도 있지만 말이다. 회사에서 자주 얼굴을 봤거나 카풀로 매일 같이 출근을 했거나, 아무튼 자주 보는 사람과 결혼했을 확률이 매우 높다.

대학에서도 마찬가지이다. 같은 기숙사에서 오랫동안 얼굴을 보고 지낸 친구가 얼굴을 자주 보지 못한 사람보다 더 쉽게 친해진다. 그러나 같이 있다 보면 부적절한 관계인 사내 불륜도 많이 생긴다. 매일 한 사무실에 같이 있다 보니 이런 일이 발생하는 것이다. 이렇듯 너무 보게 되면 문제가 생기기도 한다.

요즘 치약의 종류가 하도 많아 어떤 것을 골라야 할지 고민되곤 한다. 그러나 만약 당신이 텔레비전이나 기타 방송에서 본 치약이 있다면 그 치약을 선택할 확률이 매우 높다. 왜냐하면 치약광고를 보다가 친숙해졌을 수도 있기 때문이다.

우리는 무언가 한 번 기억에 스쳐간 것에 대해서는 친숙함을 느낀다. 이를 '단순접촉 효과' 라고 한다. 이 역시 사물을 자주 보기 때문에 발생한다.

물건에만 이런 현상이 적용되는 것은 아니다. 지나가는 길에 우연히 '저 사람 어디선가 본 듯한 얼굴인데' 하면서 왠지 이야기라도 건네고 싶은 충동을 느낀 적이 있을 것이다. 사람을 소개받을 때도 어디선가 한 번 본 듯한 느낌이 드는 사람이라면 상대방과 대화를 나누기도 전에 친근감이 생긴다.

음식도 한 번이라도 먹어본 음식이든지, 누군가 맛있게 먹는 장면을 보았다면 거리낌없이 그 음식을 선택한다. 그러나 듣지도 보지도 못한 생소한 음식에 대해서는 무언가 꺼림칙한 느낌을 받는다. 그래서 음식점을 해도 익숙한 음식, 많은 사람들이 자주 보고 먹어본 음식 장사를 해야 성공한다.

친숙해지기 위해서는 일단 얼굴을 자주 보아야 한다. 그래서 우리는 ○○대학교 출신, ○○고등학교 출신 등 한 번이라도 만난 적이 있는 사람들과는 쉽게 친해지고 거리감이 없다.

고객관리를 잘 하는 서비스 달인들이 동창회나 동문회에

자주 나가 사람들과 친하게 지내는 것도 이런 이유 때문이다. 이들은 각종 모임에 빠지지 않고 나타난다. 한 번이라도 눈을 마주치기 위해서이다.

호텔에서도 마찬가지이다. 단골고객은 호텔을 선택할 때 웬만하면 다른 호텔을 이용하지 않는 경향이 있다. 호텔 건물, 종사원과의 관계, 음식 등에 자신도 모르게 친숙해졌기 때문이며, 이는 또한 자주 보는 시각적 효과에 빠져들었기 때문이라고 설명할 수 있다.

또 한 가지 특이한 점은 호텔에 자주 오는 단골고객의 경우 방문할 때마다 자신이 사용했던 객실을 다시 사용하고 싶어한다. "미스터 김, 전에 내가 사용한 1170호실 지금 비었나?" 하면서 말이다. 이 역시 한 번이라도 사용한 객실과 친해졌다는 의미이기도 하다.

고객 판촉활동을 하는 사람들이 꼭 알아두어야 할 것은 자주 모임에 나가 얼굴을 보여야 사람들이 당신의 얼굴을 기억하고 친숙한 느낌을 받는다는 것이다.

그래서 우리는 항상 연고를 따지고 어딘가에 소속될 수 있는 단체나 모임이 있으면 기를 쓰고 가입하여 얼굴을 비춘다. 상대방과 친숙해지기 위해서는 일단 얼굴을 봐야 할 것 아닌가.

서비스 달인들은 각종 모임에 빠지지 않고 참석하여 얼굴을 알리고 온다. 고객관리 차원에서 말이다. 누가 얼마나 많이, 빨리 자신의 얼굴을 알리느냐에 따라 고객관리가 확실히 되기 때문이다.

Check point

당신은 동창회나 동문회에 1년에 몇 번이나 참가합니까?

■ 서비스 달인의 심리테크닉

동문회, 동창회에는 절대 빠지지 않습니다. 그리고 각종 모임을 만들어 회장이 되기도 하고, 회장을 도와주는 역할을 하는 걸 주저하지 않습니다. 주변 사람들의 경조사에 항상 나타나기 때문에 모든 사람들이 좋아합니다. 평소 지인이 창업을 하면 작은 화환이라도 꼭 보냅니다.

취미도 바꿀 수 있으면 바꿔라

좋아하는 사람이 있으면 같은 취미를 갖는다

사람이 좋은지, 취미가 좋은지 당신이 좋아하는 것을 선택할 권한이 있다. 만약 당신이 좋아하는 사람이 있다면, 그리고 그 사람이 당신의 취미를 바꾸라고 하면 바꿀 수 있는가? 물론 어떤 취미인지에 따라 쉽게 바꿀 수 있는 것이 있고, 그렇지 않은 것도 있다. 그러나 당신이 진정으로 좋아하는 사람과 어울리려면 그 사람이 즐기는 취미를 함께 가져볼 필요가 있다.

사람을 사귀는 가장 좋은 방법은 취미생활을 같이 하는 것이다. 그래서 등산도 같이 가고 골프도 친다. 취미가 맞

지 않다면 같이 행동할 시간이 많지 않다. 얼굴을 봐야 뭔가 할 것 아닌가. 그리고 놀이문화가 같아야 허심탄회하게 말할 수도 있다. 늘 집에 앉아서 독서만 하는 것이 취미라면 매일 아침 등산하는 것이 취미인 사람과 만날 확률은 매우 적다고 할 수 있다.

그래서 만나고 싶어하는 사람의 취미를 따라할 필요가 있다. 사람을 만난다는 것이 얼마나 어려운 일인지 실제로 경험해보지 않은 사람은 이해하기가 힘들다. 물론 사람 만나는 것이 취미라고 말하는 사람도 있지만, 실제로 사람을 취미로 만나는 경우가 과연 얼마나 되겠는가. 대부분의 사람들은 비즈니스, 사랑, 우정, 친목 등 여러 가지 목적으로 사람을 만난다.

목적이 있는 사람과의 만남에서는 취미가 상당히 중요하다. 취미나 태도가 유사한 사람과 더 쉽게 친해지기 때문이다. 단지 보는 것만으로는 부족하다. 취미나 태도가 비슷할 때 서로가 상대에게 큰 매력을 느낀다.

"당신은 취미가 무엇입니까?"라고 물었을 때 상대방이 "네, 나의 취미는 춤입니다"라고 한다. 이에 대해 "저 역시 사교춤을 좋아합니다"라고 말한다면 이들이 친해지는 것은 시간문제다. 인간관계를 좀더 확실하게 굳힐 수 있다.

취미나 행동이 유사한 사람들은 처음부터 친해지기가 쉽다. 취미에 대해 설명할 때도 서로가 이미 즐기고 있는 것이기 때문에 쉽게 이해할 수 있다. 복잡하게 설명하지 않아도 이해가 빠를 것이며, 같은 취미를 가지고 있으면 생각과 행동하는 것도 비슷할 확률이 매우 높기 때문이다.

취미가 같은 사람에게 친근감을 느낀다

유사한 취미를 통해 쉽게 친해지는 현상을 '유사성 매력가설'이라고 한다. 그래서 서비스 달인들은 윗사람이 골프를 즐긴다면 유사성을 갖기 위해 탁구를 치던 사람도 골프로 취미를 바꾼다.

보험왕, 자동차 판매왕, 호텔 서비스왕 등은 고객의 취미를 따라하기 위해 열심히 노력한다. 유사한 취미를 통해 고객을 관리하기 위해서이다. 더욱 놀라운 사실은 서비스 달인들은 억지로라도 취미를 만들어 사람들과 친해지려고 노력한다는 점이다.

돈이 많이 들어가는 취미도 있지만 돈이 전혀 들지 않는 취미도 많다. 예를 들면 등산과 같은 취미는 돈을 많이 들이지 않아도 얼마든지 가능하다.

서비스 업종에 종사하는 사람, 특히 많은 고객을 확보하는 것이 급선무인 사람이라면 당장 오늘부터라도 특정 모임에 가입하기 위해 새로운 취미를 키워가라. 만약 골프를 취미로 한다면 프로가 되기 위한 것이 아니라, 단지 친목 다짐 정도로 가볍게 골프를 배운다. 이외에도 수영, 등산, 아마야구, 조기축구회, 낚시 등 여러 가지 취미가 있다.

그러나 여기서 한 가지 명심할 점은 자신이 쉽게 할 수 있는 취미를 가지라는 것이다. 자신이 어느 정도 즐길 수 있는 취미를 선택해야 한다. 등산은 죽어도 가기 싫은 사람이 억지로 상대방의 비위를 맞추기 위해 취미를 바꾼다면 얼마 가지 못한다는 사실을 명심하라.

평소 알고 지내던 어떤 사람은 바닷속으로 잠수하는 스쿠버다이빙에 가입했다 얼마 못 가 영원히 물속으로 사라졌다. 그는 평소 그런 취미와는 전혀 어울리지 않는 조용한 사람이었는데 비즈니스 때문에 취미로 했다가 변을 당한 것이다. 그저 집에 앉아서 독서나 할 사람이 말이다. 서비스 달인은 아무나 되는 것이 아니라는 사실을 단적으로 보여주는 예이다.

Check point

당신은 주변 사람들과의 친근 효과를 제대로 이해하고 있습니까?

■ **서비스 달인의 심리테크닉**

수첩에는 항상 한 달간의 경조사가 적혀 있습니다. 내가 만나기를 원하는 사람이라면 어떤 취미도 따라합니다. 매일 문자 메시지를 보내는 것에도 인색하지 않습니다. 토요일과 일요일에도 집에서 고객관리를 합니다. 하루의 일과가 오직 고객과 함께 보내는 것입니다.

기분일치 효과를 활용하라

기분이 좋으면 모든 것이 좋아 보인다

물건을 사기 위해 백화점에 간다. 물론 물건이 백화점에만 있는 것은 아니지만 그래도 사람들은 백화점에 가면 주변 상가에서 파는 것보다는 상품의 질이나 내용이 좋을 것이라고 생각한다. 쇼핑뿐만 아니라 사랑하는 연인과 식사하는 경우 장소를 물색할 때도 분위기 있는 레스토랑을 선택한다.

하지만 사람에 따라 느끼는 감정이 다르기 때문에 선호하는 레스토랑이나 백화점도 다르다. 말 그대로 사람들의 마음속에는 각자의 느낌이라는 것이 있다. 영어로는 '필링

(feeling)' 이라고 한다. 좋은 느낌이 오는 레스토랑에 가면 자신도 모르게 비싼 음식을 주문하기도 한다. 분위기에 사로잡혀 돈을 쓰는 것이다.

기분이 좋은 상태에서 상품을 구입하는 경우 원래 사고자 했던 것 이상으로 상품을 구입하는 경우도 많다. 느낌이 좋은 상태가 되면 다른 것에도 그 좋은 느낌이 파급되는 효과가 있기 때문이다. 그래서 백화점에 쇼핑을 가면 원래 목적한 대로 옷 한 벌만 사고 오는 것이 아니라, 주변의 분위기에 흠뻑 빠져 이 물건 저 물건 기웃거리다가 여러 가지 물건을 구입하는 경우가 많다. 이를 '기분일치 효과' 라고 한다.

기분일치 효과는 백화점에만 적용되는 것이 아니다. 예를 들면 술 한잔 하려고 술집에 갔는데 여사장의 얼굴을 보는 순간 너무도 예쁜 나머지 '정말 느낌이 오는 여사장이군. 얼굴이 저렇게 아름다울 수 있을까' 하면서 한잔만 마시려던 처음의 의도와는 달리 두잔, 세잔, 심지어는 몇 병의 양주를 마시는 경우도 있다. 그리고 나중에는 '내가 왜 그랬지?' 하며 후회한다.

술집의 인테리어나 분위기가 좋은 느낌이 들어 술 한잔

하려고 했던 것이 여사장의 얼굴을 보는 순간 자신도 모르게 사이드 효과가 발생한 것이다. 말 그대로 술집에서 기분일치 효과가 발생한 것이다. 이와 같이 느낌이 일치하는 기분일치 효과는 상승효과를 발휘해 사람들의 분위기를 한층 더 띄운다. 기분일치 효과는 사람들을 사귀는 데도 큰 역할을 한다.

기분일치 효과를 교묘히 잘 이용하는 사람들을 나이트클럽에서도 흔히 발견할 수 있다. 말 그대로 느낌을 잘 연출하는 사람들이다. 특정한 직업도 없이 얼굴만 번드르르하고 춤을 잘 추는 사람이 나이트클럽에서 여자를 잘 유혹하는 것만 보아도 이 효과를 믿을 수 있지 않겠는가.

나이트클럽의 호화찬란한 분위기에 폭 빠져버린 여자는 옷을 잘 빼입은 미남의 유혹에 쉽게 넘어가서 결국 돈과 몸까지 다 빼앗긴다. 이런 사건이 종종 뉴스를 장식하기도 한다.

기분일치 효과를 극대화하는 방법

서비스 마인드로 무장한 서비스 달인들은 이런 느낌을

교묘히 잘 활용해서 고객들과 쉽게 친해진다. 첫인상부터 '아이고 왜 저래? 전혀 느낌이 오지 않아' 라고 생각되면 이내 자리를 뜬다. 이런 사실을 이들은 너무도 잘 안다. 그래서 이들은 느낌을 고객에게 전달하기 위해 애를 쓴다.

그러나 느낌이란 결코 쉬운 것이 아니다. 먼저 고객들과 친해지기 위해서 본인 스스로가 느낌에 대해 어느 정도 인식을 하고 있어야 한다. 만나는 사람 모두가 느낌을 중요하게 여기는 것은 아니지만 말이다.

일단 고객의 마음을 끌어당기기 위해서는 보이는 것부터 느낌을 줄 수 있어야 한다. 이들은 기분일치 효과를 극대화하기 위해 주변의 장소를 물색할 때 신경을 쓴다. 얼굴도 못생기고 옷까지 이상하게 입고, 게다가 고객을 만나는 장소까지 대합실 같은 곳이라고 가정해보라. 대화할 기분이 생기겠는가 말이다.

그래서 이들은 항상 복장을 단정히 한다. 행여 고객이 보아 불쾌해할 만한 복장은 절대 하지 않는다. 고객과 상담하는 본래의 목적과는 달리 자신의 의상, 만나는 장소의 분위기 등을 고객이 좋아하지 않는다면 고객상담은 보나마나 힘들기 때문이다. 바로 이런 점을 이들 서비스 달인들은 너무도 잘 알고 있다.

음식점에서도 마찬가지이다. 음식 맛도 좋아야 하지만 내부의 분위기 역시 중요하다. 음악도 좋고 종업원의 서비스도 끝내주면 고객은 기분이 좋아 추가로 음식을 더 많이 시킨다. 서비스 달인들은 이런 기분일치 효과를 최대한 이용하여 매출을 올린다.

Check point

당신은 평소 느낌을 연출하기 위해 어떤 노력을 합니까?

■ 서비스 달인의 심리테크닉

여성 고객을 만날 때는 항상 자리에서 일어나서 인사를 합니다. 양말, 넥타이, 옷색깔, 구두, 얼굴 화장 등에도 많은 투자를 합니다. 여성 고객은 매너를 중요하게 여긴다는 사실을 잘 알고 있습니다. 화난 고객과 상담할 때는 항상 주변 분위기를 의식합니다.

고객의 기분이 최고조일 때 만나자

고객을 만날 때는 타이밍이 중요하다

사람을 만나자마자 '왜 이렇게 가슴이 두근거릴까?' 라는 생각이 드는 사람이 있는가 하면, '신경 쓸 것 없어' 하면서 가슴이 두근거리는 커녕 아무 반응도 오지 않는 사람이 있다.

만약 당신이 아주 예쁜 여자와 마주보고 있다면 아마도 가슴이 콩 볶듯이 두근거릴 것이다. 배용준 닮은 남성과 데이트를 한다고 가정해보라. 아마도 가슴이 두근거려 말도 제대로 못 할 것이다. 그래서 예쁜 사람, 멋있는 남성과 데이트하면 무슨 말을 했는지 어안이 벙벙해져 멍한 경우도 있다. 이렇듯 사람들은 대상이 누구냐에 따라 가슴이 두근거리기도 한다.

그러나 단지 상대방이 멋있고 예쁘다고 해서 두근거리는 것은 아니라는 사실을 입증한 실험이 있다. 닷튼과 아론은 '흔들다리 실험'에서 그 사실을 입증했다.

이 실험을 설명하면 아슬아슬하게 계곡에 설치해놓은 다리, 탄탄하게 고정되어 있는 다리가 아니고 흔들흔들거리는 다리이다. 그리고 다리의 높이는 최대 70미터, 길이 135미터, 아마 군대에 갔다 온 사람이라면 흔들거리는 계곡의 다리를 한 번 쯤 건넜으리라. 군대로 표현하자면 유격훈련에서나 봄직한 아슬아슬한 다리이다. 유격 조교의 무시무시한 호각소리와 함께 건너는 그런 다리 말이다.

다리 건너편에는 예쁜 여자가 당신을 기다리고 있다. 다리를 건넌 소감을 인터뷰하기 위해서 말이다. 인터뷰를 마친 후 여자가 당신에게 메모를 건네주면서 "실험에 대해 좀더 구체적으로 알고 싶으면 전화 주세요"라고 말한다.

그러고 난 후 이번에는 똑같은 상황에서 역할을 바꾸어 남성이 실험자가 되어 인터뷰를 한다. 실험에 의하면 예쁜 여성이 인터뷰할 때가 남성이 인터뷰할 때보다 4~5배 이상 많은 전화가 걸려온다고 한다. 남성들은 미인에 약해서 혹시나 데이트라도 청해볼까 싶어 전화한다는 것이다. 그래서 남성 면접자보다 여성 면접자에게 더 많은 전화가 걸려온다.

실험을 좀더 구체적으로 하기 위해 이번에는 앞에서의 실험과는 달리, 다리도 튼튼하고 움직이지 않게 고정되어 있는 다리, 다리를 건너는 과정에서 전혀 스릴을 경험할 수 없는 평범한 다리를 설치해놓고 실험을 해보았다. 그 결과는 상대방이 미인 면접자라도 전화를 걸어온 사람이 거의 없었다고 한다.

이는 아슬아슬한 다리를 건너온 남성들의 경우 마음속에 '휴, 이제 살았군. 무시무시한 다리였어' 라는 생각이 있기 때문에 가슴이 두근거린다는 것이다. 이 상태에서 미인과 면담을 하고 난 뒤 '미인을 보니까 마음이 설레는군' 이라고 억지 이유를 갖다붙인다. 이를 '귀인 오류(attribution error)' 라고 한다. 실제로는 스릴 넘치는 다리를 건너와서 가슴이 두근거리는 것인데, 미인과 면담을 했기 때문에 가슴이 두근거린다고 생각한다는 것이다.

이런 귀인 오류는 호텔 같은 곳에서도 자주 일어난다. 호텔에 종사하는 직원들은 매일 고객에게 서비스하는 일이 주 업무이다. 서비스를 제공하는 과정에서 가끔 종사원의 실수로 고객이 불만을 제기하는 경우가 있다. 그러나 종사원은 고객과의 분쟁에서 본인 스스로 잘못했다고 인정하지 않고 호텔 내부 시스템에 문제가 있다고 생각한다.

예를 들어 고객이 룸 서비스에 전화를 걸어 음식을 주문했다고 하자. 이때 전화를 받은 직원이 불친절하다면서 지배인에게 크게 항의했다. 그런데 이 고객은 처음 등록하는 과정에서 직원과 예약문제로 심한 말다툼을 하여 화가 많이 나 있는 상태였다. 이미 화가 난 상태에서 전화를 했기에 종사원이 불친절하다고 생각하고 있다.

종사원 스스로도 이런 사실을 알고 있다면 자신의 잘못이 아니라고 항변할 수 있다. 호텔 자체의 시스템이 문제이지 전화를 받은 종사원은 잘못이 없다고 생각한다. 물론 틀린 말은 아니다. 그러나 좀더 친절하게 전화를 받았다면 고객이 화를 내지 않았을 수도 있다.

우리는 자신의 잘못을 인정하기보다는 주변을 탓하는 경우가 많다. "그게 어디 내 잘못인가" 하면서 말이다. 특히 서비스 업종에 종사하다 보면 고객과 이런저런 일로 속상한 경우가 한두 번이 아니다. 속상할 때마다 매번 자신이 고객에게 제대로 서비스를 하지 못해 문제가 발생한 것인데 다른 사람을 탓하거나 시스템을 탓하는 경우가 많다. 이래서 종사원의 서비스가 개선되지 않는 경우도 많이 보았다.

사람의 마음은 알 수가 없다. 한강물의 깊이는 얼마인지 측정이 가능하지만 사람의 마음은 얼마나 깊은지 알 수가 없다고 하지 않던가. 자신의 견해에서 생각하고 판단하기 때문이다. 주변 사람과 친해진 동기를 물으면 "그 사람은 마음이 너무 좋아. 그리고 친절해"라고 대답하지만 정작 마음이 좋아서 상대방과 친한지, 그리고 생각만큼 친절한지는 의문이다.

만나는 시점에서 한 번 딱 친절한 것인데 귀인 오류가 발생하여 그것에 집착하는 것일 수도 있다. 그래서 한참 시간이 지난 후에 "아니었어. 그 사람은 내가 생각한 것과는 달라" 하면서 떠나는 경우도 종종 있다. 하지만 잘 생각해 보라. 당신이 평생 동고동락하고 있는 부인이나 남편, 애인, 친구는 바로 이런 귀인 오류에 의해 만났을 수도 있다.

처음 만나 에버랜드에 가서 청룡열차를 타고 난 뒤 가슴이 두근거리는 상태에서 지금 만나는 사람과 데이트를 하지 않았는지, 아니면 무시무시한 공포영화를 보고 가슴 두근거리는 상태에서 "영화를 보면서 많이 무서웠습니까?"라는 말 한마디에 그만 상대방에게 넘어가지는 않았는지 말이다.

서비스 달인들은 고객의 기분상태를 알려고 노력한다

최일선의 고객 서비스 부서에서 근무하는 사람들은 고객과 원만한 관계를 맺고 만족스러운 서비스를 제공하려면 우선 고객이 현재 어떤 상황인지 잘 살펴야 한다.

지금 감기에 독하게 걸린 고객에게 전화를 걸어 "저녁식사 후에 영화구경이나 가시지요. 〈왕의 남자〉가 요즘 인기랍니다"라고 말했다간 당신은 영원히 아웃될 수 있다. 고객의 환심을 사기 위해 영화구경을 제안한 것은 잘 한 일이지만 고객의 현재 기분을 제대로 파악하지 못했기 때문이다.

이때 전화를 건 당신에 대해 고객은 '참 생각도 없는 사람이군. 지금 나는 아파 죽겠는데 말이야'라고 생각할 것

이다. 가슴이 두근거린다고 해서 아무 때나 청룡열차를 타자고 제안하는 것은 정신이 이상한 사람 취급당하기 십상이다.

서비스 마인드로 무장한 달인들은 귀인 오류를 최대한 활용하여 가슴이 두근거리는 타이밍을 잘 맞춘다. 그것도 고객이 전혀 모르는 상태에서 말이다. 예를 들면 평소 알고 지내던 고객의 자녀가 원하는 대학입학 시험에 합격했을 때, 직장에서 승진소식을 들었을 때, 복권에 당첨되었다는 소식을 들었을 때 등 기분이 좋아 최고조로 두근거릴 때가 바로 최적의 타이밍이라는 사실을 알고 집중적으로 고객에게 접근한다. 그러면 거의 비즈니스에 성공한다. 그래서 타이밍이 중요하다.

고객도 기분이 아주 좋은 상태에서 종사원이 말을 붙이면 친절하게 대하지만, 고객의 기분이 나쁜 상태에서는 아무리 좋은 서비스를 제공해도 고객은 만족하지 않고 오히려 화를 내는 경우가 있다.

서비스 달인들은 말을 한마디 해도 타이밍을 잘 맞추기 때문에 고객들이 무척 좋아한다. 이들은 부부싸움을 심하게 하고 호텔에 나타난 고객에게는 말을 아끼고 조심한다. 이들은 '지금이 가장 좋은 시기다' 라고 생각되는, 고객의 현재 기분이 최고조로 좋을 때 말을 거는 데 익숙하다.

당신이 고객과 쉽게 친해지려면 현재의 상황이 어떤지를 먼저 파악하는 것이 중요하다. 날씨만 예보가 있는 것이 아니다. 고객도 예보가 있다. 징후라는 것을 알고 고객을 대하면 당신이 만나고자 하는 고객과 쉽게 친해진다는 사실을 명심하자. 그러나 귀인 오류는 잘못 활용하면 오히려 고객에게 책임을 떠넘기는 식이 되어 오해를 살 수도 있으므로 주의한다.

고객의 기분이 최고일 때 말을 거는 서비스 달인들은 고객의 마음을 끄는 데 일가견이 있는 사람들이다. 그래서 이들은 주변 사람들에게도 항상 인기가 있다. 왜냐하면 타이밍을 중요하게 여기기 때문이다. 당신이 고객 서비스에서 만점을 받으려면 이제부터라도 고객의 현재 기분이 어떤 상태인지 잘 살펴 고객에게 접근해보라.

Check point

사람을 만나는 과정에서 타이밍을 생각해본 적이 있습니까?

■ **서비스 달인의 심리테크닉**

고객의 감정을 너무나 잘 알고 있습니다. 고객이 기분 좋을 때 비즈니스를 합니다. 고객의 현재 기분상태를 알려고 노력합니다. 고객과의 타이밍을 잘 맞춥니다.

3장

분위기 파악을 잘 해야 한다

분위기 파악을 잘 하는 것도 달인의 필수조건

상품만 포장하는 것이 아니다

고객과 친해지는 거리

실패의 원인을 점검하라

고객과 거리를 유지하라

분위기 파악을 잘 하는 것도 달인의 필수조건

고객을 만날 때도 분위기가 중요하다

신혼여행을 가면서 숙박하는 곳은 대부분 호텔이다. 호화찬란하고 낭만적인 음악과 함께 푸른 바다가 보이는 호텔은 신혼부부의 마음을 즐겁게 하기에 충분하다. 여기에 전망 엘리베이터를 타고 주변의 아름다운 경치를 감상하며 객실에 들어가는 순간, 신부는 신랑에게 폭 안기고 만다. "당신을 만난 것이 내 인생 최고의 행운이야" 하면서 말이다. 분위기 때문에 바로 이런 말이 나온다.

분위기가 허름한 여관방으로 들어가면서 이런 말을 하진 않을 것이다. 아마도 "어이구, 내 팔자야. 어떻게 이런 사람을 만나 첫날부터 이 모양이야" 하고 한숨을 팍팍 쉬면서 한탄할지도 모른다. 이렇듯 분위기는 남자든 여자든 사람의 마음을 사로잡는 데 매우 중요한 요소이다.

그러나 분위기를 잘 파악하는 사람이 있는가 하면 전혀 파악하지 못하는 사람도 의외로 많다. 사람을 만났을 때 무엇을 어떻게 해야 할지 모르는 사람을 흔히 '분위기 파악이 전혀 안 되는 사람'이라고 한다.

분위기에 무딘 사람은 고객과의 관계에서도 무딘 경우가 많다. 이런 사람들이 서비스 업종에서 근무하면 당연히 고객과 마찰이 발생한다. 그래서 고객 서비스는 센스와 눈치가 매우 중요하다.

고객 서비스가 중요한 부서에서는 신입사원을 채용할 때 학교성적도 중요하지만, 센스와 눈치가 있는 사람인지 잘 파악하여 채용해야 한다. 센스가 없는 사람을 채용하면 교육시키기도 상당히 힘든 것이 바로 고객 서비스이다.

분위기와 관련되어 한 가지 짚고 넘어갈 것이 있다. 각자 사람마다 분위기를 느끼는 대상이 다르다는 점이다. 사람에 따라서 옷, 돈, 우정, 사랑, 음악 등 다양한 것에 대해 느낌의 정도가 다르다.

만약 옷에 상당한 비중을 두는 사람이라면 당연히 "옷에 신경을 쓰고 만나야겠군" 하면서 옷차림에 가장 많이 신경을 쓴다. 상대방이 음식을 좋아한다면 당연히 분위기 있는 음식점에서 일류 주방장이 만든 요리를 대접한다. 그래서 서비스 달인들은 "분위기 파악은 최고야"라는 말을 듣는 것이다.

유명 백화점에서 근무하는 여직원들은 고객의 옷 입는 스타일만 보아도 "이 고객은 비싼 옷을 안 사겠군" 하고 금방 간파한다. 호텔도 마찬가지이다. 오랫동안 객실을 판매한 필자도 고객과 한두 마디 건네보면 "비싼 객실에 투숙할 손님은 아니군" 하면서 그 고객의 분위기에 맞는 객실을 판매한다. 뿐만 아니라 고객의 목소리만 들어도 금방 알 수 있다. 이 모든 것이 서비스 달인이기 때문에 가능한 일이다.

이와는 달리 분위기 파악을 전혀 못 하는 사람들은 고객을 한눈에 간파하기도 힘들지만, 일상생활을 하면서도 사람을 사귀는 데 큰 문제를 안고 있다. 상대방이 한창 노래를 부르고 있는데 눈을 감고 졸고 있는 사람, 노래 한 곡 하라고 했더니 애국가 부르는 사람, 영화관에 가서 처음부

터 잠을 자는 사람, 술 한잔 마시자마자 졸고 있는 사람, 술만 마시면 혼자서 중얼거리는 사람 등 분위기 파악을 못 하는 사람들이 의외로 많다. 한마디로 느낌을 연출하는 데 실패한 사람들이라고 할 수 있다.

이들은 대부분 고객 서비스에서도 문제가 되는 사람들이다. 이런 사람을 채용하면 서비스가 부실해지고, 이는 곧 고객불만으로 이어진다.

분위기 파악이란 본인 스스로가 빨리 알아차리고 남보다

앞서 행동하는 것이다. 한창 대화가 무르익어가고 있는데 "나 이제 가야 할 시간이야" 하면서 자리를 떠나는 사람은 정말 대책이 없다.

미리 가야겠다는 말도 없이 가만히 앉아 있다가 자리를 뜨는 사람은 도저히 이해가 안 된다. 물론 나름대로 사정이 있겠지만 말이다. 이런 유형의 사람이 어떻게 고객 서비스를 제대로 한단 말인가.

고객이 무엇에 신경을 쓰는 사람인지 파악하는 것이 가장 중요하다. 이는 고객이 느끼는 대상을 얼마나 빨리 간파하느냐에 달려 있다.

서비스 달인들은 고객을 처음 보는 순간 직감적으로 고객에 대한 느낌을 간파한 후 곧바로 행동으로 옮긴다. '안경을 낀 것을 보니 깐깐한 스타일이야', '말투가 이상한데 재미교포임에 틀림없어', '옷 입는 것을 보니 보통 고객은 아닌 것 같아' 하면서 고객이 어떤 사람인지 간파한다.

일단 상대방에 대해 간파한 후 서비스를 어떻게 할 것인지 결정하면 고객이 한층 더 만족해할 수 있다. 그러나 보이는 것만 가지고 상대를 파악하는 것은 위험의 소지도 상당히 많다는 사실을 잊지 말아야 한다.

분위기를 간파할 때는 상대방이 모르게 한다

좋아하는 여자와 함께 분위기 좋은 레스토랑에서 식사한다고 해서 여자가 당신을 좋아하는 것은 아니다. 오히려 환심을 사려고 이런 분위기 있는 레스토랑을 선택했다는 사실을 상대방이 알게 되면 부담을 갖고 당신을 떠날 수도 있다. 그래서 서비스 달인들은 고객의 환심을 사기 위해 많은 노력을 하지만, 절대 고객이 모르게 한다.

그만큼 분위기가 중요하지만 고객이 알면 모든 것이 힘들어진다. 처음부터 철저하게 분석할 필요가 있다. 이는 오랜 경험을 통해 이루어지기도 하지만, 평소 분위기 있는 곳에 자주 가거나 분위기 연출에 관심이 있어야만 가능한 일이다.

분위기 파악만큼은 최고라고 자부하는 한 서비스 달인은 부인의 생일을 축하해주기 위해 차 안에 풍선, 폭죽, 꽃장식, 케이크를 준비해놓고 부인이 차에 타는 순간 폭죽을 터트렸다고 한다. 폭죽이 터지는 동시에 생일축하 노래까지 테이프에서 흘러나와 부인이 감동했다는 이야기도 들었다. 여자에게 좋은 느낌을 주기 위해 대단한 노력을 한 것이다.

이처럼 분위기 있는 레스토랑만이 전부는 아니다. "역시 당신이 최고야"라는 말을 듣는 장소는 당신이 선택하기 나름이다. 꼭 돈을 많이 들여야만 좋은 느낌을 줄 수 있는 것은 아니다.

상대방을 배려하고 서비스 정신이 투철한 사람은 상대방이 어떤 것에 강한 느낌을 받는지 직감적으로 간파한다. 그래서 고객들이 이런 사람을 좋아하는 것이다. 바로 그들은 서비스 달인이다.

Check point

당신은 분위기 연출을 스스로 해본 적이 있습니까?

■ **서비스 달인의 심리테크닉**

분위기를 스스로 만들어 고객을 만납니다. 아무 장소에서나 고객을 만나지 않습니다. 고객이 어떤 분위기를 좋아하는지 사전에 파악하고 있습니다. 가능한 한 고객이 깜짝 놀랄 만한 분위기를 만들어놓고 시작합니다.

상품만 포장하는 것이 아니다

같은 사건도 표현법에 따라 다르게 보인다

상품의 질이 좋아야 잘 팔린다. 그래서 공장에서는 어떻게 하면 상품의 질을 높일까 연구하고 품질개선 운동도 벌인다. 맞는 말이다. 사고자 하는 상품의 질이 형편없다면 누가 물건을 사겠는가.

그러나 상품의 질 못지않게 중요한 것이 있다. 바로 포장이다. "보기 좋은 떡이 맛도 있다"라는 말이 있듯이 물건도 겉으로 보기에 멋있어야 사람들이 쉽게 선택한다. 그래서 요즘은 상품의 질 못지않게 관심을 갖고 심혈을 기울이는 것이 바로 상품을 어떻게 포장할까, 상품을 어떻게 디자인

할까에 많은 시간을 두고 연구한다.

우리가 평소 말하는 데 있어서도 상품의 질만큼 강조되는 것이 말의 품격이나 대화의 질이다. 잘 포장된 물건이 고객에게 친근감을 주는 것처럼 표현이 그럴 듯한 말이 상대방에게 친근감을 준다. 서비스 마인드를 갖춘 달인들은 말할 때 말의 품위와 포장이 그럴 듯하다. "첫마디만 들어도 믿음이 가는군" 하면서 상대방은 흡족해한다.

로프터스(Ellizabeth Lofutus)라는 학자는 말의 표현과 관련하여 실험으로 검증했는데, 실험의 내용은 다음과 같다. 즉 실험 참가자를 모집하여 교통사고와 관련된 영상을 보여준 후 참가자를 크게 두 그룹으로 나누어 다음과 같은 질문을 했다고 한다.

첫 번째 집단에는 "자동차가 충돌했을 당시 어느 정도 속도를 내고 있었습니까?"라는 질문을, 두 번째 집단에는 "자동차가 부딪쳤을 당시 어느 정도 속도를 내고 있었습니까?"라고 물어보았다. 질문을 받은 두 집단의 대답을 비교해보았더니 첫 번째 집단이 두 번째 집단보다 속도가 더 빠르다고 응답했다고 한다.

며칠이 지난 후 두 집단에게 이번에는 앞의 실험을 위해

보여준 영상에 대해 질문을 달리하여 "차창이 깨진 것을 보았습니까?" 라고 물어보았다. 첫 번째 집단에서는 차창이 박살나고 많이 깨졌다는 응답이 나온 반면, 두 번째 집단에서는 차창이 깨진 것을 보지 못했다는 응답이 나왔다고 한다.

이런 결과가 암시하는 것은 무엇일까? 바로 사건을 어떻게 설명하느냐에 따라 다르다는 것이다. 첫 번째 집단에게는 '충돌' 이라는 단어를, 두 번째 집단에게는 '부딪쳤다' 는 단어를 사용하여 질문했기 때문에 받아들이는 효과가 달리 나타난 것이다.

물론 두 집단 모두에게 똑같은 영상물을 보여주었다. 이를 두고 '어법 효과' 라고 한다. 말 그대로 말에 대한 효과라고 할 수 있다.

고객에게 호감을 주는 말투를 사용하라

비즈니스에 대한 설명도 어떻게 표현하느냐에 따라 받아들이는 고객의 반응이 확연하게 다를 수 있다. 똑같은 제품이고 상품의 질 역시 똑같다 하더라도 상품에 대한 포장을 어떻게 하느냐에 따라 소비자가 느끼는 정도가 다른 것과 마찬가지이다. 이처럼 똑같은 사건에 대해 어떻게 표현하느냐에 따라 받아들이는 사람의 느낌이 다르다.

호텔에서는 과거에 팁이라는 제도가 있었다. 현재 국내에서는 팁이 없어졌지만 예전에는 고객으로부터 받는 팁이 있었다. 외국에는 지금 팁이 금지되어 있는 것이 아니라 고객이 서비스를 잘 받았다고 생각하면 팁을 호텔 직원에게 건네주기도 한다. 물론 이 역시 강제적인 조항은 아니지만 말이다.

아주 오래 전에 있었던 일이다. 제주도에 있는 호텔에서 근무할 때의 일인데, 그 당시에는 일본인 단체고객이 많게는 수백 명에서 적게는 수십 명 단위로 호텔을 방문하여 객실을 이용했다. 이들 단체는 모두 가이드에 의해 인솔되었다.

가이드는 호텔에 먼저 도착하여 각 단체가 투숙할 객실을 확인한 후 단체가 도착하면 "1층은 커피숍이고 나이트 클럽은 지하에 있으며 내일 아침 모닝콜은 7시……" 등 호텔의 객실 및 내부 시설 이용방법과 내일 관광일정에 대해 단체여행객에게 설명해준다.

이때 마지막으로 가이드는 일본인 단체여행객에게 팁 주는 것에 대해 설명하는데, 짐을 운반해주는 벨맨에게 각자 알아서 팁을 주라고 하기도 하지만 가이드가 팁을 얼마 지불해야 한다고 정해주기도 한다. 대부분의 가이드는 그 당시 단체여행객들에게 팁 금액을 센 엔(1,000엔), 센 원(1,000원) 둘 중에 하나를 선택해서 알려주곤 했다.

만약 가이드가 센 엔이라고 하면 한국 돈으로 환산해 현재가치로 거의 8,000원에 해당하지만, 센 원이라고 하면 한국 돈으로 1,000원에 해당한다. 그 차이는 무려 8배나 된다. 가이드의 말 표현이 센 엔인가 센 원인가에 따라 팁이 달라지는 것이다.

종사원의 입장에서는 가이드의 말 한마디가 수입의 8배

차이를 불러오기 때문에 가이드의 처분만 기다릴 수밖에 없다. 어법의 효과가 소득과 연결되는 엄청난 결과를 초래한다는 것을 단적으로 보여주는 예이다.

서비스 달인은 어법효과를 최대한 활용한다

서비스 달인들은 말 한마디도 고객의 신경을 건드리는 표현은 절대 하지 않는다. 고객에 대해 좋은 감정이 들면 그저 "보통인데요"라고 표현하기보다는 "정말 고객님은 훌륭하십니다"라고 표현한다. 똑같은 말이라도 표현을 어떻게 하느냐에 따라 전달되는 언어의 효과가 다르다는 사실을 주목할 필요가 있다.

실제로 언어효과를 고객 서비스에 적용해서 톡톡히 이익을 본 사람도 있다. 독도참치라는 체인점으로 크게 성공한 이정식 사장의 이야기이다.

그는 고객 관련 서비스를 어떻게 하면 좀더 효과적으로 개선해 고객에게 한층 더 다가설 수 있을까 항상 고민하고 연구하는 서비스 달인이기도 하다. 그는 수십 번 실패를 경험하기도 했는데 얼마 전에는 책도 집필하여 많은 독자들로부터 좋은 호응을 얻기도 했다.

한번은 그가 서비스 문제로 고민하던 차에 생각해낸 것이 고객을 위한 인사방법이다. 아마 이 책을 읽는 여러분도 이정식 사장이 활용한 인사법을 장사하는 데 적용해보면 큰 효과를 볼 것이라고 확신한다. 보통의 음식점에서는 통상적으로 고객이 오면 "어서 오십시오"라고 한 번 정도 인사하고, 식사를 마치고 난 뒤 고객이 나갈 때 "안녕히 가십시오"라고 인사한다.

그러나 이정식 사장의 가게에서는 좀 특이하게 큰 소리로 "어서 오십시오"라고 외치고 나면 이내 요리를 하는 주방장, 카운터에 앉은 사장, 홀에 근무하는 웨이터가 각각 0.3초의 간격을 두고 "어서 오십시오"라고 크게 소리를 내어 인사한다. 물론 크게 소리를 친다고 해서 높은 산에 올라가 "야호, 야호" 하는 것과 같이 목이 터지게 소리치는 것은 아니다. 만약 그렇다면 하루아침에 문을 닫아야 하지 않겠는가. 그 정도는 아니다.

처음에는 고객들이 놀라는 듯한 표정을 짓는 것을 보고 그만둘까 고민을 했다고 한다. 그러나 점차 고객들의 반응이 좋아지자 이번에는 좀더 큰 소리로 "어서 오십시오",

"감사합니다", "안녕히 가십시오"라고 고객이 들어오고 나갈 때 큰 소리로 인사를 했다고 한다.

소리가 너무 커서 처음에는 신경이 좀 쓰였으나, 시간이 지날수록 고객들의 반응은 "이 집은 인사성이 대단해. 다른 집은 고객이 오는지 가는지도 잘 모르는데" 하면서 무척 흡족해했다. 결과적으로도 고객이 이전보다 많이 늘어나고 있으니 이 방법이 고객을 감동시키는 것이라고 생각하고 열심히 인사를 했다고 한다.

간단한 인사라도 어떻게 표현하는가에 따라 다르다

이정식 사장은 "사장이나 종사원이 큰 소리로 인사를 하면 서비스 하나만은 확실하게 한다는 의미를 전달할 수 있습니다" 하면서 지금도 이 방법을 계속 실천하고 있다. 어법의 효과를 서비스에 적용해 톡톡히 성공을 거둔 예이다. 똑같은 말이라도 어떻게 포장하는가에 따라 달라진다는 것을 단적으로 보여주는 예이다.

"어서 오십시오"라는 말은 접객용어로서는 일반 말과 똑같지만 억양을 달리하면 받아들이는 고객은 달리 생각한다. 이 역시 상품을 어떻게 포장하느냐에 따라 상품이 달리 보이는 것과 똑같다. 말 한마디 한마디가 대화하는 데 매우 중요하다는 사실을 단적으로 증명해주는 것이다.

당신이 매일 사용하는 언어도 다시 한 번 돌이켜 생각해 볼 필요가 있다. 서비스 달인들은 늘 말 한마디라도 연구한다. 주변 사람들에게 감동을 주기 위해서 말이다. 그래서 이들은 인간관계에서도 항상 인기가 있다.

좋아하는 사람이 당신에게 근사한 레스토랑에서 음식을 사주었을 때 "음식이 너무 맛있었고 분위기도 정말 좋았어"라고 말해준다. 그러면 그 한마디가 상대방에게 좋은 의미로 받아들여져 당신에 대한 이미지도 한층 좋아진다. 맛있는 음식을 사주었는데도 "별로야"라고 말하는 사람에 비해서 말이다. 이런 말을 한 사람은 말의 포장이 얼마나 중요한지 모르는, 서비스 마인드가 전혀 없는 사람이라고 할 수 있다.

포장한다고 해서 없는 사실을 과장해서 거짓말을 하라는 것이 아니다. 표현을 포장할 줄 알아야 한다는 뜻이다. 매사 말이 없고 무뚝뚝한 표정을 짓는 사람은 말을 포장하는 것이 무척 어렵다. "당신은 왜 그 모양이야?", "당신은 그

따위밖에 안 돼"라는 말은 상대방에게 충격을 가져다주는 말이다.

친절하다고 소문난 음식점이나 호텔에 가보면 대부분 직원들의 말투가 다르다. 뿐만 아니라 주변에 사람들이 몰리는 사람 역시 사용하는 말투가 다르다. 서비스 달인들 역시 첫마디부터 다르다.

물건을 잘 포장해서 고객이 선택하도록 하는 것과 마찬가지로, 당신이 사용하는 말투를 잘 포장하도록 하자. 어떻게 표현하느냐에 따라 고객과 친해지고 멀어질 수 있다는 사실을 명심하자. 서비스 달인들은 어떤 상황에서도 고객이 들어 기분 나쁠 만한 말은 하지 않는다.

Check point

당신이 사용하는 말에 대해 한 번쯤 점검을 해보았습니까?

■ **서비스 달인의 심리테크닉**

고객의 비위를 거스르는 말은 절대 하지 않습니다. 접객용어 사용에 익숙합니다(안녕하세요, 반갑습니다, 고맙습니다 등). 유머에도 관심이 많습니다.

고객과 친해지는 거리

고객과 대화할 때는 일정한 거리가 필요하다

친한 친구에게 중요한 말을 할 때는 속삭이듯 나지막하게 귀에 대고 말한다. 애인 사이라면 다정히 손을 잡고 걸어가면서 편안하게 말한다. 그러나 모든 사람들이 가까운 거리에서 편안하게 말하는 것은 아니다. 상대가 누구인가에 따라 일정한 거리를 유지할 필요가 있다.

만약 당신이 처음 소개받은 여성과 대화를 한다고 가정해보자. 이때 너무 가까이 가서 귀에다 대고 "저는 ○○○ 입니다"라고 말해보라. 아마도 그 여성은 기절할 수도 있다. 그리고 잘못하면 당신은 성희롱으로 고소당할 수도 있다. 지나치게 가까운 거리에서 상대방에게 속삭이듯 대화한다는 것 자체가 여성의 입장에서는 매우 부담스럽기 때문이다.

그래서 사람들은 처음 만나는 사람, 한 번 소개를 받았던 사람, 애인 사이. 친구 사이 등 관계의 정도에 따라 말할 때 거리를 달리한다. 이를 두고 '의사소통이 일어나는 개인적인 공간영역'이라고 일컫는다. 이 분야를 심도 있게 연구한 에드워드 홀에 의하면 사람들이 말할 때는 개인적인 공간영역이 매우 중요하다고 한다.

공간영역은 상대방이 누구인가에 따라 대화를 할 때 일정한 거리를 두고 있다. 만약 상대방과의 관계가 아주 친한 사이라면 대화하는 거리가 18인치 정도 되어도 무관하다. 애인 사이는 서로가 머리를 가깝게 대고 말을 건다. 아니, 머리나 손을 잡고 말할 수도 있다.

'개인적인 거리영역'이라고 하면 18인치에서 4피트 정도 되는데 이는 고스톱과 같은 카드놀이나 여럿이 음식을 먹는 식당에서 서로 마주볼 수 있는 거리이다.

사회적인 거리라는 것도 있는데 이는 4~12피트 정도 떨어져서 말하는 거리로, 일상적으로 서로 알고 있는 상태에서 대화를 할 때 이 거리에 속한다.

마지막으로는 '공공의 거리'라고 하여 많은 사람들이 운집해 있는 광장 같은 곳에서 연설할 때 연설자와 청중 간의 거리이다.

공간적 거리로 인해 주변에서 오해를 받기도 한다

"아니, 저 사람들은 오래 전부터 아는 사이인가? 어떻게 부부 사이도 아닌데 저렇게 가까이서 말할 수 있을까?" 하면서 주변의 눈총이 못마땅하다. 또한 부부가 정작 모임에서 멀리 떨어져 있는 것을 보면 "저 부부는 최근 심한 부부싸움을 했군" 하며 주변에서 의심을 하기도 한다.

사람들은 만나는 사람의 대화 간격을 보고 추측하는 경우가 많은데, 이는 대화에서 개인적인 공간 역할이 차지하는 비중이 매우 높기 때문이다.

호텔에 근무하면서 매일 수많은 고객과 대화도 하고 고객이 묻는 사항에 대해 친절하게 답변해주는 것이 호텔 직원들의 역할이다. 그런데 자신에게 가까이 다가와 음식 주문을 받는 것을 못마땅하게 여기는 고객도 의외로 많다.

메뉴판을 가까이 가져가 고객에게 건네는 순간 "아니, 이 사람이 왜 이래" 하면서 정색을 하는 고객도 간혹 있다.

이 역시 개인적인 공간 역할이 중요하다는 것을 보여주는 좋은 사례이다. 고객에게 서비스를 제공하는 과정에서도 공간 역할이 얼마나 중요한지 깨닫지 못한 호텔 직원의 무지에서 비롯된 실수이다. 서비스 달인이었다면 그런 실수를 절대 하지 않는다.

공간적인 거리를 의도적으로 만드는 경우도 있다. "이 봐, 김 과장, 빨리 보고서 가지고 오라고" 하면서 자신의 사무실로 과장을 호출하여 불러들이는 사장을 보면, 이런 의도적인 거리를 만들고자 하는 것이 아닌가 싶다.

사람들은 다른 사람에게 침해받지 않고 싶어하는 개인공간이 있는데, 다른 사람이 이 공간에 들어서면 갑자기 말이 떨리고 몸이 말이 듣지 않는 경우가 있다. 특히 권력이 있는 사람 앞에서 이런 일이 발생한다.

사장의 입장에서는 이런 것도 염두에 두지 않았나 생각된다. 그래서 가끔 보면 직책이 높은 사람들은 아랫사람의 사무실에 잘 들르지 않고 자신의 사무실로 부른다.

아마도 이 책을 읽는 남성들 중 군대에 갔다 온 사람이라면 고참병이 야간에 집합시켜 한두 차례 얼차례를 받아본 경험이 있으리라. 초겨울 그것도 해가 질 무렵 전방부대의 산속에서 신참병 순으로 세워놓고 한사람 한사람 잘못한 것을 지적한 후 얼차례를 받는데, 그 공포란 경험해보지 않은 사람은 이해하지 못한다. 막상 자신의 앞에 고참병이 서서 훈시를 하며 얼차례를 내리려는 그 순간 공포가 엄습해온다.

이런 것을 '공포의 공간' 이라고 하지 않나 생각된다. 공포의 공간은 상대가 고참병처럼 권력이 있을 때, 즉 졸병을 마음대로 얼차례시킬 수 있는 권한을 가지고 있을 때

특히 강력하다.

그래서 사장 앞에 서서 보고서를 제출할 때, 군대에서 고참이 세워놓고 훈시를 할 때 다리가 떨리고 가슴이 답답한 것이다.

자신의 권위를 내세우기 위해 이런 거리 공간을 의도적으로 연출하는 사람도 많다. 일부러 부하직원을 불러 사장실에서 훈계를 하거나, 상사가 부하직원에게 지시를 내릴 때 구두로 직접 지시해도 될 일을 빙 둘러서 바로 밑에 있는 사람을 시켜 공간적인 거리감을 두는 경우를 말한다.

사람을 다루는 데 있어 이런 공간적인 거리가 매우 중요하지만, 상황에 따라서는 잘못 적용하면 오히려 역효과가 발생하여 사람들이 하나둘씩 당신 곁을 떠난다는 사실을 주목해야 한다.

개를 훈련시켜본 경험이 있는 사람은 이런 공간적인 거리의 중요성을 이해하리라. 개와 멀리 떨어져서 훈련시키면 절대 따라하지 않는다. 그렇다고 너무 가까이서 개를 훈련시키면 개에게 물릴 수도 있다. 적정한 거리를 두고 개를 훈련시키면 개는 조련사의 말을 잘 따라한다.

이와 마찬가지이다. 고객과 대화할 때도 상황에 따라서

너무 멀어져서도 안 되고 너무 가까워져서 안 된다. 고객과 친해지려는 사람은 아주 세밀한 부분까지 고객을 배려하는 마음자세가 중요하다.

호텔에서는 고객에게 서비스할 때 거리의 중요성에 대해 철저하게 교육시킨다. 호텔에서 객실을 판매하는 사람을 프런트 클럭이라고 한다. 프런트 클럭은 프런트 데스크에서 근무한다. 고객은 항상 프런트 데스크에서 등록한 후 객실에 입실하게 되어 있다.

근무하다 보면 객실 예약문제로 고객과 분쟁이 발생하는 경우가 있다. 이때 화가 머리끝까지 치밀어오른 고객은 이성을 잃고 손을 높이 들어 직원의 머리를 내리치는 경우도 간혹 있다. 술이 너무 취했거나, 아니면 너무 화가 나다 보니 이성을 잃어버린 것이다. 고객 중에는 이상한 고객도 있기 때문이다. 조금만 화가 나도 참지 못하는 다혈질 고객에게서 흔히 볼 수 있는 장면이다.

이런 문제로 인해 경찰서에 불려가는 고객도 가끔 있다. 만약 호텔 직원이 공포의 거리인 개인공간 거리 50센티미터 이상 두고 대화를 했다면 고객의 손이 미치지 않을 수도 있는데 말이다. 설사 고객이 화가 나서 손을 높이 들었다 해도 금방 피할 수 있다. 서비스 달인들은 고객과 대화할 때 공간적인 거리를 중요하게 여긴다.

Check point

당신은 상대방과 대화를 할 때 공간적인 거리를 의식하고 있습니까?

■ 서비스 달인의 심리테크닉

고객과 대화할 때는 열려 있는 공간을 좋아합니다. 상황에 따라서는 전혀 공간적인 거리를 의식하지 않습니다. 아랫사람이라도 먼저 찾아가는 경우가 많습니다.

가능한 한 현장에서 직원들과 같이 어울리는 것에 인색하지 않습니다. 부하직원이라도 명령조의 말을 하지 않습니다. 항상 웃으면서 직원을 대하는 데 익숙합니다.

실패의 원인을 점검하라

고객 서비스 실패의 원인을 정확하게 인지하라

시험을 볼 때마다 불합격하는 사람, 면접을 볼 때마다 실패하는 사람, 매사 하는 일마다 실패하는 사람이 있다. 그럴 때마다 "나는 안 돼" 하면서 스스로 포기하고, 그 원인에 대해서는 아무 대책이 없다. 원인을 찾지도 않은 채 그저 자포자기하는 사람이다.

이와는 달리 "나는 그저 운이 따라주지 않았을 뿐이야" 하면서 실패의 원인을 순저히 운이 나쁜 탓으로만 돌리는 사람도 있다.

자신을 정확하게 진단하는 것은 쉬운 일이 아니다. 그러나 어떤 사건이 발생할 때마다 그 원인을 어떻게 생각하는가는 매우 중요하다. 원인을 정확하게 분석하는 사람이라면 별 문제가 없지만 원인을 제대로 분석하지 못하면 계속 문제가 발생할 소지가 크기 때문이다.

가끔 대학에 떨어졌다고 자살하는 사람을 볼 수 있다. 또는 자신이 원하는 회사에 입사하지 못했다고 크게 실망한 나머지 아파트에서 떨어지는 사람도 있다. 이 역시 한마디로 표현하면 의욕을 상실한 사람이다. “하는 일마다 나는 안 돼” 하면서 스스로에 대해 잘못된 인지 스타일을 갖고 있기 때문이다.

그렇다면 그러한 이유는 무엇일까? 이런 유형의 사람은 하는 일마다 실패한 경험이 몸에 배어 있기 때문이다. 그러나 실패를 했다고 해서 인생의 낙오자가 되는 것은 아니다. 누구든지 자신이 생각하는 인지 스타일만 제대로 이해한다면 말이다.

만약 사법고시에 떨어졌다면 ‘그래, 떨어질 수도 있어. 그럼 이 시험은 포기하고 다른 방향으로 한번 도전해볼까?’ 라고 다른 방향으로 전환할 수도 있다.

목표대로 이루어지지 않았다고 실패한 것은 아니다

중고교 시절 목표로 했던 것을 달성한 사람이 과연 몇 명이나 되겠는가. 성공의 기준은 없다. 성공의 기준을 정하는 것 역시 자신을 어떻게 인지하고 있느냐에 달려 있다. 실패를 거듭한 사람이라는 주제로 책을 써서 많은 사람들에게 실패의 원인이 무엇인지 가르쳐준 저자도 있다. 음식점 성공백과가 아니라 음식점 실패백과가 되는 것이다.

그러나 실패를 했다는 것이 중요한 게 아니라, 실패를 한 원인이 무엇인지 정확하게 인지하는 것이 중요하다. 서비스 달인들은 고객에게 서비스를 제공하는 과정에서 문제가 발생하면 정확하게 그 원인을 분석하고 다음에는 절대 실수를 하지 않는다. 이처럼 원인의 귀속이 어디에 있는가를 정확하게 진단하는 것이 중요하다.

'원인 귀속'이란 '내가 실패한 원인이 무엇인가'라고 할 수 있다. 서비스 업종에 종사하는 사람들 중에서도 고객 서비스를 제공하는 과정에서 문제가 발생했을 때 원인 귀속을 정확하게 진단하지 못한 채 스스로 포기해버리는 경우가 많다. 실패만 경험하다 보니 매사 하는 일마다 실패할 것이라고 미리 주눅들어버린 사람도 많이 있다. 한마디로 학습성 무지력에 빠져버린 사람이다.

이와 관련해 크리스 라반 · 주디 윌리엄스의 저서 《심리학의 즐거움》에 의하면 심리학자인 셀리그만은 개에 대한 실험을 통해 새로운 사실을 발견했다고 한다.

개를 상자에 넣고 바닥에 전기충격을 가하는 순간 얼마나 빨리 상자를 탈출하는지 알아보는 실험이다. 전기충격을 가하면 그 순간 개는 도망간다. 그러나 위의 실험과는 달리 전기충격을 가해도 사방이 막힌 상자 안이라 도망갈 수 없는 상황에서 실험한 개는 도망을 가도 소용없다는 사실을 깨닫고 자포자기한다. 전기충격을 가해도 가만히 웅크리고 상자 안에 앉아 있다.

앞의 실험에서 개는 전기충격을 가해도 얼마든지 도망갈 수 있다는 경험을 했지만, 나중의 실험에서는 절대로 도망갈 수 없다는 경험을 했기 때문에 가만히 웅크리고 있는 것이다. 아무리 노력해도 절대 도망갈 수 없다는 경험을 하면 체념하고 만다.

"나는 포기해야 할 것 같아"라는 말은 이런 경우를 일컫는다. 문제는 과연 포기할 수밖에 없는 절대 불가능한 상

황인가 하는 점이다. 원인의 귀속을 정확하게 분석했는지 말이다. 상당수의 사람들이 노력을 좀더 하면 난관을 헤쳐 나갈 수 있는데도 자포자기하기 때문에 문제가 된다.

만약 당신이 여성에게 프러포즈를 했는데 거절당했다면 그 이유를 어떻게 생각하는지 자신의 인지 스타일을 선택해보기로 하자. 첫 번째는 자신의 얼굴이 못생겼다고 생각하기 때문, 두 번째는 자신이 여성에게 호감을 줄 수 있는 방법을 알지 못하기 때문, 마지막에는 오늘 운이 나빴기 때문 등 여러 가지가 있다고 하자. 여러분도 이들 중 한 가지를 선택할 수 있다.

만약 당신이 첫 번째 이유를 선택했다면 이는 자신의 얼굴에 대해 상당한 콤플렉스를 갖고 있기 때문에 다른 이유보다는 극복하기가 어렵다. 성형수술을 몇 번이나 한 사람들의 이야기를 들어보면 "좀더 고치면 지금보다 나을 수 있을 텐데" 하면서 항상 불만스럽다. 그런 이유로 계속 얼굴을 성형한다. 그러나 여러 번 수술해도 결국 만족하지 못한다. 이는 쉽게 고쳐지는 것이 아니다.

자신의 얼굴에 대해 스스로가 '이 정도면 준수한 편이지' 라고 생각하는 인지 스타일이 중요하다. 자칫 자신의 얼굴이나 신체 부위에 대해 부정적인 시각으로 바라보면 여자 만나는 것뿐만 아니라 다른 일을 할 때도 얼굴을 의식하게 된다.

두 번째, 자신 스스로가 여성에게 호감을 줄 수 있는 방법을 알지 못하기 때문이라고 생각하는 사람은 원인의 귀속대상이 '호감을 줄 수 있는 방법' 이다. 이는 역으로 해석하면, 만약 여자에게 매력적으로 보일 수 있는 방법을 알게 된다면 다음부터는 절대 여자에게 퇴짜맞는 일은 없을 것이라고 확신한다.

'처음부터 분위기에 어울리는 옷을 입는 것이 여자한테는 중요하지' 라고 생각하면 다음에 여자를 만날 때는 복장에 신경을 쓴다. 그리고 당장이라도 백화점에 가서 옷을 산다. 원인의 귀속이 심각한 수준은 아니라는 것이다.

세 번째는 "오늘은 정말 재수없는 날이야" 하면서 실패의 원인 귀속을 운으로 돌리는 사람이다. 이런 경우 자신의 상황에 따라, 그날의 컨디션에 따라 운으로 돌리기 때문에 한편으로는 매우 단순한 사고여서 큰 의미를 부여하지 않을 수도 있다.

특히 서비스 업종에 종사하면서 고객과 분쟁이 발생했을 때 "정말이지 오늘은 운이 없어. 한마디로 재수없는 고객을 만난 것이 문제야" 하면서 원인 귀속을 운이 나쁜 것으로 돌리는 경우가 많다. 이런 경우 고객과 문제가 발생할 때마다 계속 운으로 돌린다면 서비스는 결코 개선되지 않는다. 모든 것을 운에 맡기기 때문이다.

시험을 잘못 친 학생이 '오늘은 운이 너무 나빴어' 라고 생각한다면 다음번에도 시험을 잘못 칠 확률이 매우 높다. 그러나 이와는 달리 '공부하는 방법이 조금 잘못된 것 같아' 라고 생각한 학생은 공부하는 방법을 터득하기 위해 노력한 후 다음번 시험을 준비할 것이다. 말 그대로 동기 부여가 처음의 학생과는 다르다.

서비스 달인들은 과연 어떤 선택을 할 것인가? 아마도 대부분은 고객을 만나 서비스를 제공하는 과정에서 실패한 것에 대해 '내가 생각한 것과는 조금 다른데. 다음에는 다른 방법으로 해봐야지' 하면서 원인의 귀속을 오늘의 운이나 자신의 무능력으로 돌리지 않는다.

만약 당신이 고객과 쉽게 친해지려면 어떻게 행동하고 생각해야 하는지 단적으로 보여주는 것이다. 고객과 쉽게 친해지지 못하는 이유 중 하나는 쉽게 친해지지 않는 이유가 무엇인지 정확하게 판단하지 못하기 때문이다.

그리고 그 이유가 무엇인지 스스로 파악했다 하더라도 원인의 귀속을 노력이나 방법을 바꾸는 것으로는 도저히 해결되지 않는, 즉 '나는 괴물 같은 얼굴을 가지고 있어', '나는 고객을 대하는 것이 체질이 아니야' 라고 쉽게 단정을 내리는 것이 더 큰 문제이다. 지금 당장 거울 앞에 서서 '흠, 얼굴이 미남인데' 라고 생각해보라. 거울 앞에 서서 이런저런 표정을 흉내내면서 '역시 나는 멋있어' 라고 스스로 확신을 하라.

서비스 달인들은 대부분 자신의 얼굴에 대해 강한 자부심을 가지고 있다. 스튜어디스, 호텔 직원, 외식업체 직원 등은 자신의 얼굴과 신체에 대해 상당한 믿음을 갖고 고객을 대한다.

그리고 얼굴은 처음 볼 때 험악해 보이는 사람도 자꾸 사람들을 대하다 보면 자신도 모르게 웃는 얼굴로 바뀐다. 웃는 얼굴이 중요한 것이지, 못생긴 것이 문제가 되는 것은 아니다. 고객과 친해지기 위해 노력하다 보면 자신도 모르게 어느샌가 웃음이 저절로 나와 고객이 당신에게 친근감을 갖게 된다.

Check point

당신은 고객 서비스 실패의 원인을 정확하게 인지하는 스타일입니까?

■ 서비스 달인의 심리테크닉

고객과의 관계에서 문제가 발생하면 그 원인을 스스로 정확하게 진단합니다. 자신의 신체 모든 부분에 대해 강한 자부심을 가지고 있습니다. 실패하는 것을 두려워하지 않습니다. 운이 좋다, 나쁘다로 고객 서비스의 성공 여부를 판단하지 않습니다.

고객과 거리를 유지하라

가까운 고객일수록 존중해야 한다

고슴도치는 온몸이 날카로운 침으로 둘러싸여 있다. 비록 몸집은 작지만 만만치 않은 동물이다. 주변에 있는 힘센 동물이 고슴도치를 잡았다고 해도 입으로 삼킬 수가 없기 때문이다. 자칫 침에 찔려서 죽을 수도 있다.

유명한 독일 철학자인 쇼펜하우어는 사람과의 관계성을 '고슴도치 딜레마' 라는 예를 들어 설명했다. 그에 의하면 고슴도치 두 마리가 겨울에 너무 추워 서로의 몸을 비벼대려고 가까이 갔지만 몸에 나 있는 가시 때문에 몸을 서로 비비지 못한다는 것이다. 그래서 떨어졌더니 아프지는 않지만 얼마나 춥겠는가.

고객과의 관계 역시 고슴도치 딜레마와 유사한 면이 있다. 고객과 너무 친한 나머지 가깝게 지내다 간혹 문제가 발생할 수도 있다. 말을 함부로 하는 경우도 있다. "잘 대해주니까 까불고 있어" 하면서 말이다. 그러면 역시 상대방도 "내가 너무 좋은 사람으로 비쳐지나봐" 하면서 기분이 나쁘다.

이는 관계설정을 잘못한 것이다. 고객과 친해지는 과정에서 처음부터 고객을 어떤 식으로 대할 것인지 나름대로 고민해볼 필요가 있다.

너무 가깝게 지내다가 갑자기 멀어지면 '내가 싫은가봐' 라고 오해를 할 수도 있다. 그리고 너무 가까이 지내다 보면 '나를 우습게 보고 있어' 하고 오해를 할 수도 있다. 그래서 가까운 친구일수록 조심해야 한다는 말이다.

조심해야 한다는 것은 서로를 경계해야 한다는 의미가 아니라 존중하라는 의미이다. 말을 함부로 한다거나 '친한 친구니까 돈을 빌려달라고 해도 되겠지' 라는 생각은 영원히 서로의 관계를 멀리 할 수 있다.

사람들은 가까이 지낼 때는 주변에서 부러워할 정도로

형님, 아우 하고 지내다가 일단 사이가 멀어지면 서로가 '죽일 놈' 하고 막 대한다. 그래서 항상 좋은 관계에서는 문제가 없지만 나쁜 관계가 되었을 때 심각해진다. 좋은 관계에서는 모든 것을 털어놓고 이야기한다. 그런데 서로의 사이가 벌어졌을 때는 과거 좋은 시절에 말했던 단점이 오히려 비수가 되어 당신의 목을 겨냥한다는 사실을 기억해야 한다.

상대방에게 "네가 나한테 어떻게 이럴 수 있어?"라고 항의해보았자 아무 소용이 없다. 이미 상대방은 당신의 곁을 떠났다는 사실을 알아야 한다. 그러고 나서 "내가 너무 많은 것을 알려준 것이 문제야" 하면서 후회한다. 하지만 이미 늦었다. 처음부터 관계설정을 잘못했기 때문에 이런 문제가 발생한 것이다.

한쪽에서 조심하면 상대방도 조심한다

사람에 따라서는 너무 잘 대해주어도 문제가 되는 사람이 있다. "나하고 같이 놀자는 거야?" 하며 불쾌해하는 것이다. 사람에게도 역시 고슴도치와 같은 침이 있다. 말 한마디 때문에 사람을 죽이는 경우도 많이 보지 않았는가.

가까이 지낸다고 해서 모두 문제가 된다는 것은 아니다. 만약 상대방을 너무 의식해 피해버린다면 이 역시 인간관계를 맺는 데 있어 심각한 문제가 된다. 사람과 너무 떨어져 있지 않으면서 너무 가까이 있지도 않는 관계를 형성하라는 것이다. 처음부터 너무 깊게 빠져들면 나중에 오해로 인해 헤어질 때는 말로 형언할 수 없을 정도로 비참하게 헤어지는 경우를 여러 번 경험했기 때문이다.

갈수록 사회가 복잡해지고 많은 사람들과 인간관계를 맺고 있다. 그러나 사람과의 관계 역시 나름대로 잘 조절할 필요가 있다. 나도 사회에서 오랫동안 만난 친구에게 지금까지 말을 함부로 하지 않는다.

너무 믿다가는 독침을 맞을 수도 있다

서비스 업체에 근무하다 보면 으레 많은 고객을 만난다. 고객 중에는 나와 상당히 친한 고객도 있다. 나와 친한 고객은 다른 직원과도 친하게 지내는 경우가 많다. 고객과 일정한 거리를 유지하면서 서비스하면 고객도 함부로 대하지 못한다.

이제 막 서비스 업계에 발을 들여놓은 신입사원의 경우 고객과 친해졌다고 고객을 함부로 대하는 경우를 여러 번 목격했다. 한번은 호텔에 오랫동안 투숙하고 있는 미국인 고객이 있었다. 이 고객은 마음도 좋고 모든 종업원에게 친절하게 대해주어 직원들이 아주 좋아했다. 문제는 너무 고객과 친해지다 보니 때로는 방청소도 제대로 안 해주는 경우도 있었고, 고객이 부탁한 모닝콜도 제대로 서비스해 주지 못했다.

호텔 직원들은 "뭐, 어차피 우리한테 잘 해주는 고객인데 무슨 문제가 있겠어" 하면서 오히려 단골고객인 이 미국인 고객에게는 친절하게 대해주지 못했다. 그러나 나중에 이 고객이 호텔에서 겪었던 기분 나쁜 사례를 업장별로 하나하나 꼼꼼하게 날짜와 사건개요까지 적어 호텔의 회장에게 보내는 바람에 몇 명의 직원이 구조조정된 사례도 있다.

이처럼 사람과의 관계는 가깝다고 함부로 대하다 보면 어느 순간 독침을 맞을 수도 있다. 최고의 고객 서비스를 제공하는 서비스 달인들은 절대 고객과 대등한 관계를 유지하지 않는다. 항상 고객을 먼저 배려하면서 가까이 지내려고 한다. 설사 고객이 편안하게 대해준다 해도 편하게 해준 만큼 어려워한다. 그리고 편안하게 대해주는 고객일수록 더 예의를 갖추고 고객이 부탁하기 전에 알아서 척척 일을 처리해준다.

Check point

평소 가까운 사람들에게 예의를 지키고 있다고 생각합니까?

■ **서비스 달인의 심리테크닉**

고객에게는 절대 돈을 빌리지 않습니다. 평소 친한 고객이라 하더라도 함부로 말을 하지 않습니다. 20년을 만나도 말을 놓지 않는 경우도 있습니다. 너무 가까이 있으면 문제가 된다는 사실도 알고 있습니다.

4장

나를 바꾸자

플레이보이는 아무나 되나

지나친 수줍음은 인간관계에서 마이너스

쉽게 친해지지 못하는 H씨 이야기

편견이나 고정관념을 버려라

도대체 저 고객의 마음을 모르겠어

플레이보이는 아무나 되나

여성 고객의 마음을 읽는 사람이 진정한 서비스 프로

결혼한 남성이라면 한 번쯤 부부동반 모임에 나가본 경험이 있으리라. 망년회, 신년회, 계모임 등 부부모임은 상당히 많이 있다. 특히 연말이 되면 부부모임이 잦다.

한번은 회사의 망년회 부부모임 자리에서 이런 일이 있었다. 회사 자재과에 근무하는 박 대리가 부인의 손을 잡고 연회장에 들어서자 갑자기 주변이 조용해지는 것 아닌가. 조금 전까지만 해도 일찍 온 부부들은 옆사람과 말을 건네고 있었다.

그러다 갑자기 박 대리 부부가 등장하자 조용해진 것이

다. 무슨 괴물이 나타난 것도 아닌데 갑자기 조용해진 것이 이상하다. 원인은 바로 박 대리의 부인을 보는 순간 모두 할 말을 잃어버린 것이다. '아니, 이럴 수가! 저렇게 예쁜 여자는 처음이야' 하면서 모두 감탄했다.

그런데 박 대리는 그저 평범한 얼굴에 직장생활을 하는 샐러리맨이다. 과장도 아니고 부장도 아닌데 과장이나 부장의 사모님보다 훨씬 더 예쁘고 아름다웠다. 사장님도 입이 떡 벌어질 정도니 가히 짐작이 가지 않는가. 그러면서도 한편으로는 시기의 눈동자로 바라본다.

이렇듯 데리고 다니는 사람, 그것도 여자의 얼굴이 예쁘면 남성들은 부러워서 사족을 못 쓴다. 남성뿐만 아니라 여성 역시 자신의 남자가 미남이면 너무 좋아하고 친구들에게 자랑도 한다.

그런데 가만히 살펴보면 예쁜 여자를 만나는 사람은 우연히 만나는 경우도 있지만, 여자의 심리를 꿰뚫어보지 않고는 힘든 일이다. 크리스 라반 · 주디 윌리엄스의 저서 《심리학의 즐거움》에 의하면 플레이보이들은 여자를 상대하는 데 있어서만큼은 심리학자 이상으로 머리회전이 빠르다고 한다.

'여자가 혼자 외롭게 서 있네' 이런 장면을 목격한 플레이보이는 곧바로 접근한다. 그리고 넌지시 말을 건네는 기술은 가히 상상을 초월한다.

여자들은 아무리 슬프고 괴롭더라도 항상 칭찬과 사랑을 받아들일 수 있는 마음의 준비를 하고 있다는 말이 있다. 이 말의 의미는 여자가 그만큼 분위기에 약하다는 뜻이 아닌가 싶다. "여자에게 환심을 사려면 여자의 마음을 읽어야 해"라는 말도 있다.

알다가도 모르는 것이 여자의 심리

주변에 여자를 자주 사귀고 바꾸는 사람을 일컫어 "저 친구 플레이보이 기질이 있어"라고 한다. 플레이보이는 여자를 다루는 기술이 뛰어나고 머리회전도 빠르다. 뿐만 아니라 머리끝부터 발끝까지 여자들이 좋아하는 것으로 치장한다.

신고 다니는 구두나 옷차림에도 항상 신경을 쓴다. 그리고 여자들의 환심을 사기 위해 좋은 말만 골라서 한다. 한마디로 여자들을 다루는 데는 마법사라고 할 수 있다.

그렇다면 플레이보이들이 얼마나 여자의 심리를 잘 읽는지 살펴보기로 하자. 서비스 업종에 종사하다 보면 여성 고객을 상대하는 경우가 상당히 많다. 이런 경우 여성 고객의 심리를 제대로 파악하지 못하면 서비스에 문제가 발생할 수 있다.

플레이보이나 이와 유사한 기질을 가지고 있는 남성은 여성들의 한마디 한마디에 그냥 무심코 넘어가지 않는다. 세심하게 반응하고 분석한다. 그리고 '사랑한다', '아름답다', '예쁘다', '너무 좋아해'와 같은 부드러운 말을 자주 사용한다. 말소리 역시 우렁차고 힘찬 목소리가 아니고 여성들이 좋아하는 목소리를 가지고 있다. 투박한 말투가 아니라는 것이다.

그리고 여자들이 즐겨 사용하는 말에 민감한 반응을 보인다. 보통의 남자들은 여자들이 "당신은 좀 냉정해"라고 하면 있는 그대로 받아들여 '내가 냉정한가?'라고 생각하면서 좀더 부드럽게 대하려고 노력한다.

그러나 플레이보이는 냉정하다는 말을 자신에게 큰 기대를 하고 있다는 의미로 받아들인다. '나를 좋아하고 있군' 하면서 말이다. 냉정하다는 말을 정이 없다거나 너무 차갑

다는 뜻으로 해석하는 것이 아니라, 나는 당신을 좋아하고 있으니 좀더 잘 해달라는 의미로 해석한다.

그러나 보통의 남자는 그 말을 여자가 자신에게 별로 관심이 없다는 의미로 해석한다. 그래서 보통의 남자는 여자들과 쉽게 친해지지 못하는 것이다.

상대방이 '나는 당신을 좋아해' 라는 의미의 신호를 보냈는데, 정작 남자는 '나를 좋아하지 않는군' 이라고 알아듣는다면 분명히 문제가 있다. 이런 남자는 여자가 좋아하는

데도 잘못 판단해서 여자의 환심을 사지 못하는 경우가 종종 있다.

또한 여자들은 어린애같이 응석을 잘 부린다. 그리고 자신의 응석을 잘 받아줄 남성에게 관심을 갖는다. "자기야, 나 지금 머리가 아파"라고 하는 여자에게 보통의 남자들은 "그럼 빨리 병원에 가야지"라고 할 수 있다.

그러나 플레이보이라면 '머리가 조금 아프기는 하지만 나의 관심을 사기 위해 일부러 머리가 아프다고 할 수도 있어'라고 생각한다. 보통의 남자는 바로 병원에 가자고 하는 데 반해 플레이보이는 다른 각도에서 여자가 자신에게 관심을 가져달라는 의미로 해석한다. 그래서 보통 남자들은 여자를 만나기가 하늘의 별을 따기만큼이나 어려운 것이다.

플레이보이는 여자들의 환심을 사기 때문에 여성들은 속아넘어가면서도 플레이보이 기질이 있는 남성을 좋아한다. 여성들은 "저 사람은 플레이보이 기질이 있어서 싫어" 하면서도 정작 친구가 플레이보이 기질이 있는 남성과 사귀면서 가끔 분쟁을 일으키는 것에 대해서는 한편으로 부러워하기도 한다.

그러나 절대 겉으로 표현하지 않는다. "목석 같아서 무슨 신호를 보내도 알아듣지 못하니 답답해 죽겠어" 하면서 항상 있는 그대로 해석하는 자신의 남자친구에 대해 불만을 갖고 있다.

그리고 주변에서 "당신 남자친구는 정말 성실하고 법 없어도 살 착한 사람이야"라는 칭찬의 말을 듣지만, 한편으로는 '어쩌다 저런 목석 같은 사람을 만나 이 고생인가' 라고 생각한다. 물론 모든 사람이 그러한 것은 아니지만 말이다.

그래서 금실이 좋은 부부, 좋은 애인 사이는 가끔 다투면서도 서로가 좋아 어쩔 줄 모른다. 이는 바로 남성이 플레이보이와 같이 여성의 마음을 잘 읽고 있기 때문이다.

여자의 심리를 알아야 여성 고객의 특성을 알 수 있다

만약 날씨가 조금 어두운 저녁에 평소 만나던 여자와 만났다고 가정해보자. 이때 여자가 "어두워, 무서워"라고 했을 때 목석 같은 남자, 보통의 남자는 어떻게 해석하겠는가? 아마도 "그래, 빨리 밝은 곳으로 가야지" 하면서 '날씨가 어둡다 보니 여자친구가 무서워하는구나' 라고 생각한다.

그러나 플레이보이는 '흠, 내게 안기고 싶은 거야' 라고 해석하고는 가까이 다가가 여자를 안아준다. 바로 이것이 보통 남자와 플레이보이가 다른 점이다.

여자의 심리는 정말 이해하기가 힘들다. 여자의 심리를 알아야 여성 고객의 특성도 알 수 있다. 이는 여성 고객의 마음을 한눈으로 읽는 서비스 달인들만이 가능한 일이다. 서비스 달인들은 여성 고객의 심리를 잘 파악하는 사람들이다. 이들은 여자들이 들으면 좋아할 만한 겸손한 말을 평소에 사용한다.

그렇다고 서비스 달인들이 플레이보이라는 것은 결코 아니다. 단지 여자의 심리를 제대로 간파하기 때문에 여성 고객관리를 제대로 한다는 것이다.

결국 여성도 사람이다. 여성의 심리를 꿰뚫어볼 줄 아는 사람은 어떤 사람을 만나도 상대의 심리를 잘 알아차린다. 그래서 서비스 달인은 아무나 되는 것이 아니다. 여성의 마음을 100% 정확하게 읽는 사람만이 서비스 달인이 되는 것이다.

여성들이 칭찬해주는 남성, 표현을 재미있게 하는 남성, 유머가 있는 남성을 좋아하는 이유는 이런 유형의 사람이 자신의 마음을 빠르게 간파하여 잘 대해주기 때문이다. 고객을 상대하는 서비스 업체에 근무하는 사람들 역시 여성 고객의 마음을 읽지 못하면 항상 문제가 발생한다.

여성 고객만족을 실천하기 위해서는 우선 여성 고객의 마음을 한눈에 간파해야 한다. 고객이 말하는 억양, 제스처, 웃는 모습, 의상, 행동 등을 가만히 보고만 있어도 '이 고객은 요금에 상당히 민감한 분이군' 하면서 여성 고객이 어떤 것에 관심을 갖고 있는지 몇 마디만 해봐도 바로 알 수 있다.

보통의 남자가 여자의 마음을 읽지 못하는 것은 이제 막 호텔에 입사한 종사원이 고객의 마음을 제대로 읽지 못하는 것과 다르지 않다. 그러나 자꾸 사람을 만나다 보면 여자의 마음을 읽을 수 있다. 이는 이제 막 입사한 종사원이 점차 고객과 대화하면서 고객의 마음을 읽는 것과 마찬가지이다.

처음부터 플레이보이 기질을 타고나는 사람은 없다. 여성의 심리를 연구하고, 어떤 상황에서 여자들이 좋아하는

지, 싫어하는지 늘 연구한다. 이는 곧 여성 고객의 심리를 파악하는 길이다.

Check point

여자들의 호감을 사지 못하는 이유가 무엇이라고 생각합니까?

■ 서비스 달인의 심리테크닉

여성 고객들이 무엇을 좋아하는지 싫어하는지 압니다. 여성 고객의 마음을 읽고 있기 때문에 남성 고객의 마음은 더 잘 읽을 수 있습니다. 여성 고객들이 좋아하는 노래도 잘 부릅니다. 과격한 표현을 하지 않습니다. 못생긴 여자라도 칭찬하는 데는 인색하지 않습니다.

지나친 수줍음은 인간관계에서 마이너스

수줍음을 없애려면 먼저 자신감을 가져야 한다

사람들과 쉽게 친해지지 못하는 사람들을 분석해보면 뭔가 이유가 있는 것 같다. "저 친구는 말이 없어", "항상 잘난 체만 하니 누가 말을 걸겠어", "아니, 무슨 말을 못 해. 얼굴이 빨개져서 말이야" 하면서 상대하기를 꺼려한다.

사람과 친해지려면 무언가 호흡이 맞는 것이 있어야 하는데 전혀 맞지 않다 보니 말을 걸기가 어렵다. 특히 사람들이 조금만 야한 이야기를 해도 금방 얼굴이 빨개지면서 말을 하지 못하는 사람이 있다.

더욱 힘든 것은 여자 앞에서 말도 하지 못하고 얼굴이 빨개지는 것이다. 그렇다고 여자가 당신을 좋아하는 것도 아닌데 말이다. 이런 유형의 사람은 말을 할 때도 조용하게 말한다. 그래서 주변에서는 그런 친구를 보고 "저 친구는 남자가 왜 저래?"라고 말한다.

사람들을 만나는 것을 불편해하고, 특히 사람들이 모여 있는 장소에서 말해야 할 때는 마치 절벽에서 떨어지는 것 같은 아슬아슬한 분위기를 연출한다. 그리고 항상 자신이 하는 일에 대해서도 자신감이 없다. 이런 사람은 사람들과 쉽게 친해지지 못한다.

필립 짐바르도의 연구조사에 따르면, 미국 사람 중 약 80%가 상황에 따라서는 수줍음을 느낀다고 응답했다고 한다. 그리고 약 40%는 현재 자신에 대한 수줍음 평가에서 수줍음이 있다고 응답했다고 한다. 토론문화가 발달한 미국에서도 이 정도이니, 우리나라에서 수줍음과 관련하여 설문조사를 한다면 미국보다 훨씬 높은 수치가 나올 것이라 생각된다.

수줍음이 전혀 없는 사람도 있다. 그러나 "저 친구는 눈치도 없고 막무가내식이야"라는 말을 듣는 스타일은 곤란하다. 이런 사람은 주변 사람을 전혀 개의치 않으며, "얼굴에 철판을 깐 것 아니야"라는 말을 들을 만한 행동을 한다.

이런 사람은 수줍음을 안 타기 때문에 사람들과 쉽게 친해질 수 있다고 보는가? 전혀 그렇지 않다. 오히려 수줍음은 전혀 없는 것보다는 조금 있는 것이 동양에서는 미덕으로 보았다. 그래서 수줍음이 좀 있는 여성이 얼굴에 철판 깐 여성보다 훨씬 더 인기 있지 않나 생각된다.

첫 미팅에서 만난 여성이 통닭을 먹는데 어찌나 빨리 먹어치우는지, '대단하군. 저런 식성이라면 곤란하지' 하면서 바로 앞에 앉아 있는 남성은 기막혀 할 수도 있다.

이런 여성은 아마도 주변을 아랑곳하지 않는 성격일 것이다. 그렇다고 많이 먹는 것이 수줍음이 없다는 말은 아니다. 그러나 당신이 첫만남에서 이런 여성과 마주 앉았다면 어떤 생각이 들겠는지 상상해보라.

호텔에서 근무할 때도 유독 수줍음이 많은 직원이 있다. 한번은 호텔에 실습을 나온 여학생이 프런트 데스크(객실을 판매하는 곳)에 서 있을 때 일본인 고객으로부터 전화를 받았다. 그런데 수화기를 들고 이내 말을 하지 않고 멍하니 서 있는 것 아닌가. 그러고는 수화기를 다시 내려놓고 화장실에 가겠다고 하더니 돌아와서는 그만두겠다고 했다.

이유인즉 전화를 받는 순간 갑자기 '모시모시(일본말로 '여보세요' 라는 뜻)' 라는 말을 듣고 말문이 막혔다는 것이다. 그냥 간단하게 모시모시 하고 응답하면 되는데, 주변에 일본어를 잘 하는 직원이 있다 보니 "저것도 일본어라고 하나"라는 말을 들으면 어쩌나 싶어 망설였다고 한다. 그 정도는 아무것도 아닌데도 평소 수줍음이 많다 보니 직장에서도 발동이 걸린 것이다. 그렇다고 이 실습사원이 일본어를 못 하는 것도 아닌데 지레 겁을 먹은 것이다.

이렇듯 자기 자신에 대해 자신감이 없고 마음이 약한 사람이 수줍음을 잘 탄다. 그리고 주변 사람들이 자신에 대해 어떻게 평가할까 걱정하고 고민하기 때문에 수줍음이 발생한다.

만약 호텔 실습생이 전화를 받았을 때 일본어를 전혀 못 한다면 그냥 간단하게 "지배인님, 전화 건 사람이 모시모시라고 하네요" 하면 된다. 그러면 지배인이 "전화기 이리 좀 줘봐"라고 할 것이다. 지배인이 간단하게 처리하면 되는데, 지레 '일본어를 못 하는데 어떡하지' 하고 겁먹고 주변 사람들에게 약점이 드러날 것을 걱정하기 때문에 수줍어하는 것이다.

수줍음이 많으면 자칫 자신에 대해 의식적으로 비판하고 다른 사람에게 긍정적 인상을 심어주지 못하며, 다른 사람들과 쉽게 친해지지도 못한다.

수줍음을 없애기 위한 노력

그렇다면 수줍음이 왜 발생하는지 알아보기로 하자. 사람에 따라서 다르겠지만 호텔의 경우에서 보는 바와 같이 이런 행동을 한 실습사원은 이전에도 일본어 문제로 인해 수줍음을 경험했다고 본다. 한번 주변으로부터 비웃음이나 어리석다는 인식을 받은 사람은 다음번에 똑같은 상황이 오면 수줍음을 느낀다.

그러나 한 가지 특이한 점은 수줍음을 타는 사람들 대부분이 어떻게 하면 수줍음을 타지 않을까 고민한다는 것이다. '수줍음 때문에 문제야' 하면서 말이다.

서비스 업종에 근무하는 사람들은 대부분 수줍음을 없애기 위해 많은 노력을 한다. 만약 당신이 세일즈맨이라고 가정해보라. 모르는 사람의 집에 방문해서 물건도 팔아야 하고 설명도 해야 한다면 얼굴에 철판을 깔아야 한다. 맨 정신으로는 힘들다는 얘기이다.

그래서 일본의 한 기업에서는 신입사원을 교육시킬 때 사람들이 많이 모여 있는 역 광장에서 큰 소리로 "와다시와 파가데스(나는 바보입니다)"라고 외치게 한다. 그리고 감독자는 30미터 떨어진 거리에서 신입사원이 크게 소리치는 말이 자신에게 들려오는지 확인한다. 이 역시 수줍음을 없애기 위해 고안해낸 방법이다.

역 광장이라면 사람들이 많이 지나다닌다. 양복도 멋있게 입고 얼굴도 잘생긴 젊은 청년이 "나는 바보다, 나는 바보다"라고 외치니 사람들이 '저 친구, 멀쩡한 사람이 돌았군, 쯧쯧. 안됐어. 벌써 치매가 온 모양이야'라고 생각할 수도 있다.

그러나 주변의 시선에도 아랑곳하지 않고 열심히 "나는 바보다"를 외친다. 감독자가 OK 사인을 하면 비로소 멈춘다. 쉬운 일은 아니지만 이런 방법으로 수줍음을 없애기도 한다. 만약 당신이 수줍음을 느낀다면 서울역 앞에서 이런 행동을 할 수 있겠는가?

또 한 가지는 자신의 장점과 단점을 적어놓고 장점에 대해 집중적으로 관심을 갖고 "역시 나는 이 분야에서 최고다. 나를 따라올 사람은 아무도 없어"라고 외치는 방법이 있다. 이는 자신이 다른 사람에 비해 형편없는 사람이라는 인식을 없애버리는 방법이다.

마지막으로는 꿈속에서라도 대중 앞에서 열심히 연설하는 꿈을 꾸어라. 그리고 시간이 날 때마다 모르는 사람들과 열띤 토론을 하는 장면을 상상한다. 사람들과 쉽게 친해지려면 일단 수줍음을 없애야 한다.

서비스 업종에 근무하는 사람들은 수줍음을 없애기 위해 스스로 많은 노력을 한다. 평소에도 고객을 만족시키기 위한 가상의 시나리오를 만들어놓고 역할놀이를 한다. 종사원이 고객으로 변신하는 역할놀이를 하는 것이다. 배우가 무대에서 연극을 하는 것과 마찬가지로, 서비스 업종에 근무하는 사람들 역시 무대에서 연극을 한다고 생각한다. 이들은 실전의 무대에서도 역할놀이를 하지만, 가상의 무대에서도 역할놀이를 한다. 이 모든 것은 고객 앞에 당당하게 서기 위한 것이다.

매일 수많은 고객을 상대하는 서비스 달인들은 전혀 수줍음 없이 당당하게 고객을 대한다. 그러나 상황에 따라서는 서비스 달인들도 고객 앞에서 수줍음을 느끼는 경우가 간혹 있다. 멋있는 고객을 보면 그 순간 자신도 모르게 얼굴이 조금 빨개진다. 이런 상황에서도 이들은 단지 자연적인 현상으로 받아들인다는 점이 수줍음을 많이 타는 보통 사람들과 다른 점이다.

뒷산에 올라가 "임금님 귀는 당나귀 귀다"라고 크게 외쳐보자. 수줍을 떨쳐버리는 데 도움이 될 것이다.

Check point

당신은 수줍음을 느낄 때마다 어떻게 대처하고 있습니까?

■ 서비스 달인의 심리테크닉

수줍음을 느껴야 할 때를 잘 알고 있습니다. 수줍음이란 자연적 현상이라고 받아들입니다. 고객 앞에서는 절대 수줍음을 타지 않으려고 노력합니다.

쉽게 친해지지 못하는 H씨 이야기

고객과 친해지지 못하는 이유를 생각해보자

누구와도 잘 어울리는 사람이 있는가 하면, 누구와도 싸움만 하는 사람이 있다. 언제 어느 장소에서 만나도 항상 문제를 일으키는 사람은 따로 있다. 쉬우면서도 어려운 것이 인간관계가 아닌가 싶다. 가만히 살펴보면 사람들과 쉽게 친해지지 못하는 사람은 공통적인 문제를 안고 있다. 하지만 안타깝게도 이들은 자신의 내부에 있는 문제를 인식하지 못한다.

호텔에서 근무할 때의 일이다. 미스터 한이라는 동료 직원이 있었는데, 그는 외국어 실력도 뛰어나서 영어나 일어, 프랑스어의 3개 국어에 능통할 정도로 실력을 인정받는 사람이다.

그러나 그에게는 항상 문제가 있었다. "어제 저녁 고객과 말다툼한 사람이 미스터 한이라고?" 하면서 아침부터 호텔의 총지배인은 미스터 한을 불러 다그친다. "미스터 한, 이번이 벌써 몇 번째야?" 하지만 미스터 한은 마음속으로 '고객이 잘못한 것은 말하지 않고 나만 나무라다니' 라고 생각한다.

그는 매사 고객과 분쟁을 일으켜 호텔에서도 미스터 한으로 인해 골치가 아팠다. 같이 근무하는 나 역시 미스터 한으로 인해 종종 피해를 입었다. 미스터 한은 겉보기에 상당히 미남이고 말도 잘 하고 거기다 실력도 갖추었다. 그런 그가 고객을 대할 때 왜 문제가 생기는 것일까?

미스터 한이 일하면서 고객과 어떤 문제를 일으키는지 정리해보면 다음과 같다.

그는 언제 보아도 얼굴이 밝지 않다. 웃는 얼굴이 아니다. 인상을 찌푸리고 말투까지 "그게 아닙니다"라는 식으로 빈정거리는 걸 자주 본다. 사람은 첫인상이 중요한데 얼굴을 보는 순간 '상당히 짜증나는 스타일이야' 라는 생각이 들 정도다. 얼굴이 잘생겼는데도 말이다.

얼굴도 잘생긴 사람이 웃음이 없다 보니, 게다가 항상 무언가 생각하는 로댕처럼 있다 보니 짜증난 것처럼 보이는 것이다. 그래서 얼굴이 잘생긴 것과 얼굴에 웃음을 띤 것은 별개라는 말이다. 얼굴이 잘생겼다 하더라도 웃지 않으면 결국 짜증나는 얼굴로 보인다.

미스터 한은 근무할 때 보면 항상 정면에 똑바로 서서 근무하지 않는다. 옆으로 비스듬히 서서 근무한다. 호텔의 프런트 데스크에서는 항상 로비의 정면을 바라보고 서 있어야 한다.

그러나 미스터 한은 옆으로 기대 서 있는다. 근무처를 떠나서 어느 좌석에서도 똑바로 앉지 않고 의자에 비뚤어지게 앉는다. '저 친구 왜 저래? 무슨 불만이 있나?' 라는 생각이 들 정도로 의자에 비뚤어지게 앉는다.

사람들은 앉아 있는 자세나 걸음걸이를 보고도 성격을 파악한다. 똑바로 안 걷고 비스듬히 한쪽 방향으로 기울어져 걷는다고 생각해보라. 아마도 '사람이 좀 경박해 보이는군' 이라는 생각이 든다. 그래서 어슬렁거리는 자세를 보여서는 안 된다.

이처럼 걸음을 걸을 때도 상당히 중요하다. 서비스 달인들은 걷는 연습도 게을리 하지 않는다. 남이 보지 않는 곳에서 큰 거울을 앞에 두고 자신이 걷는 모습을 보며 교정하기도 한다. 남이 보아 못마땅한 걸음걸이도 많기 때문이다. 고객에게 메뉴판을 가지고 가면서 갈지자로 걷는다면 고객이 어떻게 생각하겠는가.

미스터 한은 고객을 만날 때 반가워하는 제스처를 전혀 보이지 않는다. 멀리 로비에서 일본인 고객이 "미스 터 한, 오히사시부리데스네(미스터 한, 오랜만이네)"라고 신호를 보내면, 곧바로 손을 흔들어주거나 반갑다는 신호를 보내야 마땅한데 그렇게 하지 않는다.

전혀 반가운 내색을 하지 않으니 고객의 입장에서 볼 때는 '거 참 이상한 사람이군. 서비스맨이 왜 그 모양이야' 라고 생각하게 된다.

상대방이 나에게 반갑다는 신호를 보내면 즉석에서 화답을 해야 하지 않겠는가. 멀리서 손을 흔들며 "안녕히 계십시오"라고 하는데 본 체 만 체한다면 고객의 기분이 어떻겠는가.

고객과 쉽게 친해지지 못하는 사람은 누구와도 쉽게 친

해지지 못한다. 미스터 한은 회사 밖에서도 별로 만나는 사람이 없다. 서비스 달인들은 고객이 신호를 보내기도 전에 먼저 고객을 알아보고 "안녕하세요" 하고 인사하며 반갑게 맞이한다. 평소 알고 지내던 고객은 이 한마디에 무척 기뻐한다. 서비스 달인들은 주변 사람들에게 신호를 보내는 데도 일인자라고 할 수 있다.

눈이 다른 곳을 향하면 상대방은 기분 나쁘다

미스터 한의 경우 또 한 가지 문제는 눈이 고정되어 있지 않다는 점이다. 고객이 "객실이 얼마입니까?"라고 물으면 똑바로 고객의 눈을 직시하면서 "네, 10만 원입니다"라고 대답해야 하는데 천장을 한 번 보고 바닥을 한 번 보고는 마지못한 듯 "10만 원입니다"라고 대답한다. 눈의 표정은 상당히 중요하다.

만약 당신이 친구와 재미있는 이야기를 나눌 때 친구가 당신의 얼굴을 보지 않고 지면이나 천장을 보면서 말을 듣는다고 생각해보라. 아마도 '사람이 왜 이렇게 성의가 없어' 라고 생각될 것이 뻔하다.

눈으로 상대방을 얼마나 직시하느냐에 따라 상대방은 자신에 대해 관심을 가지고 있는지 없는지 파악할 수 있다. 하지만 미스터 한은 그러지 않았다.

마지막으로 긍정적인 답변에 대해서는 "그래요, 맞습니다" 하면서 고개를 끄덕여야 한다. 뻣뻣이 서 있는 상태에서 고개도 끄덕이지 않으니 고객이 미스터 한을 좋아할 리 없다. 고객의 말에 즉각적으로 답변을 해준다는 인상을 심어주려면 고개를 끄덕이기만 해도 충분하다.

미스터 한은 고객과 분쟁을 자주 일으켜 결국에는 고객과 전혀 접촉할 일이 없는 다른 부서로 전보발령을 받았다. 그러나 다른 과에 배치되었어도 그 과의 동료와 상사들과 잦은 마찰을 일으키는 바람에 결국 회사를 그만두고 말았다.

그리고 한동안 연락이 두절되었다가 최근에 만났는데 그는 아직 결혼을 하지 못했다고 한다. 호텔을 그만두고 다시는 남의 밑에서 일하지 않고 자신의 주특기인 외국어 실력을 바탕으로 조그마한 외국어 학원을 차렸는데, 이번에는 자신이 고용한 강사와 자주 다투어 결국 학원마저 문을 닫았다고 한다. 사람과 쉽게 친해지지 못하는 사람은 사업을 해도 쉽지 않다.

직장을 오래 다니지 못하고 그만두는 사람들의 원인을 분석해보면, "김 과장하고는 더러워서 같이 일 못 하겠어", "나보다 2개월 일찍 입사한 박 대리가 도저히 나하고 맞지 않아" 하면서 직장을 그만둔 경우가 많다. 이런 것을 보면 사람과의 관계가 얼마나 중요한지 알 수 있다. 고객과의 분쟁이 잦은 사람은 인간관계에서도 분명히 문제가 발생한다.

그에 반해 서비스 달인들은 창업을 해도 언제나 성공한다. 고객을 한눈에 파악할 수 있기 때문이다. 그리고 서비스 마인드로 무장하면 어떤 일을 해도 실패하지 않기 때문이다.

Check point

당신이 주변 사람들과 잘 어울리지 못하는 이유를 알고 있습니까?

■ **서비스 달인의 심리테크닉**

대화할 때 기분 나쁜 말은 절대 하지 않습니다. 항상 웃는 얼굴로 고객을 대합니다. 고객과 대화할 때는 항상 고객의 눈을 봅니다. 노래면 노래, 춤이면 춤, 운동이면 운동, 모든 것을 잘 하지는 않지만 같이 어울리려고 노력합니다.

편견이나 고정관념을 버려라

고정관념은 사람의 마음을 집착하게 만든다

"저기 서 있는 고객은 너무 싫어", "저기서 귀신이 나왔다고 하던데", "들리는 소문에 의하면 지독한 수전노라고 해", 이런 식으로 사람들은 사물이나 사람에 대해 고정관념을 갖고 대하는 경우가 많다. 그래서 군대에서는 "그 고참한테 한번 찍히면 끝장이야"라는 말을 많이 듣고 경험해 봤다. 사실은 그렇지 않은 경우도 많은데 말이다.

이렇듯 사람에 대한 인식이 좋은 의미든 나쁜 의미든 일단 한번 박히면 쉽게 헤어나지 못하는 것이 바로 고정관념이다. 이뿐인가. 충청도 사람은 말이 느리다, 강원도 사람은 순박하다, 전라도 사람은 성실하다, 서울 사람은 약다 등 사람들의 구전에 의해 전해져 내려오는 말은 아직도 우리 입에 자주 오르내리고 있다.

사람에 대한 고정관념도 있지만 사물에 대해서도 가끔 이런 말을 듣는다. "저 집, 귀신이 나왔다고 하던데. 〈전설의 고향〉에 나오는 그 유령의 집이야"라는 말을 시골동네에 가면 심심찮게 듣는다. 그래서 그 집 주변을 걷다 보면 왠지 으스스한 기분이 들기도 한다.

고정관념이란 사람들의 마음을 한 곳으로 집착시키기 때문에, 이런 것을 너무 믿는 사람들은 믿지 않는 사람들의 말을 전혀 이해하지 못한다. 그래서 이런 문제로 부닥치는 경우도 가끔 있다. 예를 들면 특정 지역 출신을 배제한다거나 특정 종교를 가진 사람, 특정 학교 출신 등에 대해 차별하는 경우도 있다.

우리만 그런 것은 아니다. 외국의 경우에도 종교문제, 인종문제 등으로 매일 시끄럽다. 유대인 말살정책, 베트남 전쟁 때의 시민학살, 중동 테러, 이스라엘과 팔레스타인의 분쟁, 유고 내전시 민족말살 등 고정관념으로 인해 엄청난 사람들이 희생된 것은 사실이다.

고정관념과 더불어 사람을 평가하는 데 있어 무서운 것은 편견이다. 편견 역시 고정관념만큼이나 사람과의 관계를 힘들게 한다. 고정관념을 사람이나 물체, 또는 특정 사안에 대해 자신의 감정과 결합시킬 때 이를 '편견' 이라고 한다. "저 사람은 위대한 발명가야" 하는 것 역시 개인의 편견일 수도 있고, 다수의 편견일 수도 있다.

사람과 쉽게 친해지려고 할 때 가장 힘든 것이 바로 편견이다. 사람을 만나기도 전에 "그 친구는 안 만나는 것이 좋아. 사기성이 농후한 사람이야"라는 한마디에 선입견이 생겨서 '보기에는 그렇지 않던데, 정말 문제가 있군' 이라고 단정할 수도 있다. 그래서 편견이 무서운 것이다.

그러나 편견이나 고정관념이 항상 부정적으로만 작용하는 것은 아니다. "그 친구는 정말 좋은 사람이야. 매사 상대방을 위해 배려할 줄 아는 사람이지"라는 편견도 있다. 이는 대인관계에서 아주 중요한 역할을 한다.

그래서 사람들은 주변으로부터 좋은 편견을 듣고자 욕을 먹을 만한 행동을 자제한다. 편견은 학습될 수 있기 때문이다. 그리고 편견은 사람들의 소문에 의해 빨리 전파되기 때문이다. 물론 좋은 편견이 빨리 소문나는 것은 좋은 일이지만, 편견 자체가 왜곡되는 경우가 많아 문제가 된다.

서비스 업종에서 고객 서비스를 할 때 명심해야 할 것은 편견이나 고정관념을 가지고 고객을 대하면 만족스러운 고객 서비스를 제공하기가 무척 힘들다는 점이다. 일단 부정적인 고정관념이나 편견을 가지면 고객을 처음 대할 때부터 부정적으로 좋지 못한 감정을 갖도록 하는 데 큰 역할을 한다.

편견과 고정관념에 지나치게 사로잡히면 "○○ 모임에 들어온 사람은 ○○ 자격이 있는 사람이다", "○○ 출신은 머리가 아주 좋다", "○○ 지역은 우수한 사람이 많이 태어난 곳이다" 등 ○○ 지역 출신이 아니면 바보이거나 모임에서 리더가 될 수 없다는 잘못된 판단을 할 수 있다. 이런 식의 고정관념은 좋은 인간관계를 형성하는 데 엄청난 방해요소가 된다.

편견으로 모든 것을 판단해서는 절대로 안 된다. 호텔에서 근무하다 보면 늘 고객들과 접촉한다. 고객들과 자주 대화도 한다. 고객 중에는 은근히 자신에 대해 자랑하는 사람도 있지만, 말이 거의 없는 사람도 있다. 이런저런 유형의 고객 모두를 종사원이 판단하기란 여간 힘든 일이 아니다.

고객을 판단한다는 의미는 고객이 친절한 사람인지 그렇지 않은지를 판단하는 것이 아니라, 고객의 특성을 알고자 하는 것이다. 고객의 특성을 파악하지 않고는 제대로 된 서비스를 할 수 없기 때문이다.

그래서 생각해낸 것이 편견이라는 고정관념이다. '안경을 썼군. 깐깐한 고객이 틀림없어', '말이 저렇게 빠르니 성질이 고약하겠어', '주머니에 계산기를 들고 다니는 것을 보니 엄청난 구두쇠임에 틀림없어', '음식이 짜다고? 까다로운 고객이군', '여행가방에 세계 여러 나라의 국기를 달고 다니는 걸 보면 여행을 많이 해본 고객인가봐' 하면서 상당수의 종사원들은 고객에 대해 강한 고정관념과 편견을 가지고 있다.

그러나 가만히 살펴보면 이런 편견과 고정관념이 종사원들에게 도움을 주기도 하지만, 맞지 않는 경우가 대부분이다. 서비스 달인들은 주변에서 특정 고객에 대해 강한 편견을 가지고 있다 하더라도 그것을 그대로 받아들이지 않는다. 진심으로 고객을 대하다 보면 결국 편견도 잘못된 경우가 많다.

고정관념과 편견으로 사람을 대하면 잃는 것이 많다

한번은 호텔에 허름한 옷을 입고 온 고객이 있었다. 끼고 있는 안경테나 가방, 옷차림, 생김새, 걸음걸이 등으로 볼 때 평범한 세일즈맨임에 틀림없어 보였다. 게다가 호텔을 방문할 때마다 가장 저렴한 객실에서 묵었고, 호텔에서 식사를 거의 하지 않았다. 아마도 돈이 없었기 때문이 아닌가 싶다. 호텔 밖에 나가 김치찌개, 자장면, 우동 등을 먹었으니 말이다.

그러나 이 고객은 항상 객실을 깨끗하게 이용했고, 필요한 물건만 사용했다. 호텔에는 여러 가지 수건이 준비되어 있다. 예를 들면 손수건, 발수건, 목욕수건, 얼굴수건 등이 있는데 상당수의 고객은 얼굴을 씻고도 목욕수건을 사용하기도 하고, 심지어는 모든 수건을 다 사용하는 경우도 있다. 게다가 가방에 목욕수건과 같은 큰 수건을 몰래 가지고 도망가는 고객도 간혹 있다. 그러나 이 고객은 꼭 필요한 수건만 사용하고는 제자리에 갖다놓았고 객실도 깨끗이 사용했다.

한 가지 특이한 것은 이 고객은 올 때마다 항상 뜨거운 물을 찾았다. 그럴 때마다 호텔에서 근무하는 룸 서비스 직원은 친절하게 뜨거운 물을 갖다주곤 했다. 대부분의 직원들은 그 고객의 용모나 행동을 보고 작은 중소기업체 경리담당이나 책임자 정도로 생각했다. 그래서 그런지 서비스에도 별로 신경을 쓰지 않았다.

그러나 룸 서비스에 근무하는 미스터 박은 그 고객이 올 때마다 항상 뜨거운 물을 미리 준비해놓고 친절하게 인사했다. 고객은 미스터 박이 자신에게 친절하게 대해주는 것에 대해 그저 감사할 따름이었다. 간혹 미스터 박을 위해 선물로 음료수, 그것도 자판기에서 뽑아낸 저렴한 음료수 한 병을 건네곤 했다. 그러니 이 고객의 씀씀이를 알 만하지 않겠는가.

그러나 미스터 박은 그때마다 "고맙습니다, 감사합니다"라고 인사하고 "뜨거운 물은 언제나 준비되어 있으니 말씀만 하십시오" 하면서 이 고객에게 친절하게 대해주었다.

미스터 박은 이 고객에게만 그런 것이 아니라 다른 고객에게도 항상 친절하다는 평을 듣는 종업원이었다. 평소 자주 오는 단골고객인 경우 전화로 "필요한 것은 없습니까, 고객님?" 하고 묻는 아주 친절한 직원이었다.

이 고객은 올 때마다 항상 미스터 박을 찾았고, 그때마다 미스터 박은 최선을 다해 서비스를 했다. 예약 리스트를 점검하여 고객이 오는 날짜와 도착시간을 알아놓고는 미리 뜨거운 물을 객실에 준비해놓았다. 그것도 도착 몇 분 전에 말이다. 미스터 박의 서비스 정신을 짐작할 수 있을 것이다. 서비스 달인이 아니고서는 불가능한 일이다.

그런데 나중에 알고 보니 이 고객은 재미교포였는데 미국에서도 엄청나게 큰 사업을 하는 회장이었다. 종업원 수만 해도 무려 1만 명이 훨씬 넘는 회사의 회장이었으나 그런 내색을 전혀 하지 않았기 때문에 누구도 눈치채지 못한 것이다.

회장, 사장 등 돈이 많은 사람들이 호텔에는 올 때는 요란하기 때문에 종사원들은 금방 알 수 있다. 이들 대부분은 첫날부터 요란하게 호텔을 방문하여 대부분의 종사원들이 금방 눈치를 채는 것이다.

그러나 재미교포인 이 고객은 혼자 조용히 호텔을 방문했으니 누가 VIP라고 생각했겠는가. 나중에 이 고객은 미스터 박의 친절한 서비스에 감탄하여 미스터 박을 미국으로 데려가 자신의 업체에 친절을 담당하는 책임자로 임명

했다. 물론 미스터 박이 그 고객의 신분을 알고 그런 서비스를 한 것은 아니다. 그는 누구에게나 서비스만큼은 타의 추종을 불허할 정도로 완벽한 사람이었다.

호텔에서 그런 경우가 있었다고 모든 것을 여기에 맞출 수는 없겠지만, 분명한 점은 편견을 가지고 고객을 대하면 무척 힘들다는 것이다.

사람과의 인간관계에서도 그렇지 않은가. 다른 사람들이 욕하는 사람일지라도 가까이 다가가서 진솔한 대화를 해 보면 전혀 그렇지 않은 경우도 상당히 많다. 다른 사람들의 평가가 편견에 의해 잘못된 것이다. 그리고 겉모습이나 행동으로 모든 것을 판단하는 인간관계는 위험할 수 있다.

편견을 없애기 위해서는 당신이 끼고 있는 편견 색안경을 벗어던져야 한다. "술 한잔 하면서 얘기나 좀 합시다" 하고 허심탄회하게 이야기를 해보면 '소문이랑 전혀 다르잖아. 다른 사람의 말만 듣고 이 사람을 평가했다면 많은 것을 잃을 뻔했어' 라고 생각될 수도 있다.

만약 당신이 아직도 어떤 사람을 미워하고 있다면 당신은 편견에 너무 집착해 있을 수도 있다. 호텔에서 고객에 대한 편견 없이 성심성의껏 서비스를 제공한 미스 터 박의 경우를 다시 한 번 떠올려보자.

서비스 달인만이 가능한 일이지만, 당신도 노력하면 얼마든지 미스터 박과 같은 서비스 달인이 될 수 있다. 편견이나 고정관념에 너무 집착하지 않는다면 말이다.

Check point

당신은 편견을 가지고 고객을 대합니까?

■ **서비스 달인의 심리테크닉**

고객을 대할 때 편견을 가지고 있으면 고객이 싫어한다는 사실을 너무 잘 알고 있습니다. 고객도 겪어봐야 안다고 생각합니다. 부득이하게 편견을 갖고 대할 수밖에 없는 경우에는 고객이 모르게 합니다. 고객은 차별을 받았다고 생각하면 엄청나게 화를 낸다는 사실을 잘 알고 있습니다.

도대체 저 고객의 마음을 모르겠어

마음을 여는 데 인색하지 않은지 점검해보라

"도대체 당신의 마음을 알 수 없단 말이야", "솔직한 당신의 모습을 보고 싶어", "속마음을 드러내지 않으니 답답해"라는 말을 들어보았을 것이다. 이런 말은 대부분 연인 사이에 헤어질 때, 비즈니스하는 데 문제가 발생할 때, 부부싸움을 할 때, 친구 사이에 섭섭함을 나타낼 때 자주 등장한다.

자신은 상대방에 대해 느낀 감정을 솔직하게 있는 그대로 표현하는데 상대방은 그렇지 않다는 것이다. 오직 듣기만 하고 속으로 판단하는 것, 그리고 겉으로는 '좋다, 나쁘다' 라는 말을 전혀 하지 않는 사람이 당신을 화나게 만드는 것이다. 사람과 친해지려면 가장 중요한 것이 무엇인가? 자신의 감정을 솔직하게 있는 그대로 표현하는 것이다. 고객과의 관계 역시 마찬가지이다.

무언가 숨기는 듯한 인상이 비치면 '응큼한 구석이 있어. 조심해야지' 하면서 경계한다. 고객과의 관계에서는 고객을 존중해주는 것이 중요하다.

존중한다는 것은 고객을 대할 때의 대화기법이나 복장 등과 같은 매너와 에티켓도 중요하지만, 고객에게 신뢰를 심어줄 수 있는 자신의 솔직한 느낌을 표현하는 것도 중요하다. 그래서 사람들은 사이가 나빠졌을 때 "사람이 솔직해야지"라는 말을 가장 많이 하지 않나 생각된다. 이 역시 자신의 감정을 솔직하게 드러내지 않았기 때문에 발생하는 것이다.

자신의 마음을 얼마나 고객에게 드러내는가는 고객 서비스를 실천하는 데 있어 매우 중요하다. 이런 감정은 고객과의 관계를 보다 친숙하게 만든다. 인간관계를 원만하게 잘 하는 사람들이 주변으로부터 듣는 말 중 하나를 꼽으라고 하면 "그 사람 너무 솔직해"라는 말이다. 자신을 솔직하게 꾸밈 없이 상대방에게 표현하는 것은 일단 신뢰를 주기 때문에 사람들이 좋아한다.

그러나 우리는 오래 전부터 '남자는 말이 없어야 해', '여자가 말이 많으면 문제야' 라는 사고에 젖어 있어서 자신의 솔직한 마음을 표현하고 싶어도 잘 하지 못하는 것이 사실이다. 그저 말없는 것이 무게를 잡는 것이고 주변 사람들로부터 인정받는다고 생각한 것이다. 서비스 업종에 종사하는 직원이라면 이런 스타일을 빨리 고쳐야 한다. 고객으로부터 좋은 소리를 듣지 못하기 때문이다.

그러나 만나는 사람 모두에게 자신의 감정을 무조건 드러낼 수는 없는 일이다. 만약 만나는 사람에게마다 자신의 솔직한 이야기를 있는 그대로 표현한다면 '도대체 나를 어떻게 생각하고 그런 말을 하는 것인지 도저히 이해가 안 돼' 하면서 오히려 큰 부담을 느낄 수 있다.

그리고 그런 표현을 자주 하면 무언가 문제가 있는 사람이라고 생각할 수도 있다. 소개받아 겨우 두 번 만난 사람에게 미주알고주알 모든 것을 이야기한다면 상대방이 어떻게 생각하겠는가.

물론 사람에 따라 그렇게 표현하는 사람을 좋아하는 경

우도 있다. 만나자마자 '저 친구 너무 솔직한데. 그런 말을 거침없이 뱉어내다니 마음에 들었어' 하면서 말이다. 그러나 상대방에 대해 아는 것도 별로 없으면서 처음부터 자신의 감정을 너무 많이 노출시키면 다음부터는 신비감이나 호감을 살 만한 여지가 전혀 없다.

그래서 처음에는 있는 그대로 솔직하게 모든 것을 이야기해놓고 나중에 '내가 처음부터 잘못했어. 너무 많은 것을 털어놓은 게 잘못이야' 라고 후회하는 경우도 많다. 속마음을 드러내는 경우에는 매우 신중해야 한다.

그렇다고 지나치게 신중하다 보면 상대방으로부터 "너무 계산적이야"라는 말을 들어 오히려 역효과가 발생할 수 있다. 사소한 것이라도 너무 오랜 시간 생각하면 주변 사람들로부터 계산적이라는 말을 듣기 때문이다. 만나자마자 자신의 솔직한 감정을 표현하면 사람들과 쉽게 친해질 수 있는 것은 사실이다. 그러나 너무 빨리 상대방에게 자신의 감정을 솔직하게 표현하는 것은 자제해야 한다.

호텔은 매일 수많은 고객들이 드나드는 곳이다. 호텔 직원들은 일단 출근하면 고객들과 대화도 하고 고객들에게 서비스도 한다. 직원들 중에는 고객과 친해져서 사적인 대화도 부담 없이 나누는 사람이 많다. 직업의 특성상 고객과 친해지려는 노력은 필수이다. 고객이 원하는 것이 무엇인지, 고객의 불만과 불평을 최소화하기 위해 노력하는 사람들이기 때문이다.

한번은 호텔에서 이런 일이 있었다. 커피숍에 종사하는 미스터 오라는 지배인은 친절하기로 소문난 사람이었다. 고객은 그에게 다가가 "오 지배인님, 안녕하십니까? 커피 두 잔 부탁합니다" 하면서 친근하게 말을 걸기도 했다. 서비스 업체에서 근무하는 사람치고 고객과 친해지는 것에 이의를 제기하는 사람은 아무도 없다.

하루는 나이가 지긋이 든 정장을 한 신사가 오 지배인에게 다가와 "이보게, 오 지배인. 어제는 안 보이던데 어디 갔었어?"라고 묻는 것이었다. 사실 오 지배인은 어제 근무를 했는데 고객이 오 지배인을 못 본 모양이었다.

그러자 오 지배인이 "안녕하세요, 호텔을 찾아주셔서 고맙습니다"라고 말하자, 이내 고객은 "요즘 좀 바빠서 자주 못 왔지. 그런데 아까 자동차를 주차시키는 과정에서 사고가 발생했어. 호텔 옆에 있는 카센터에 맡겼더니 수리비가 10만 원 나왔더군. 지갑을 놓고 나와서 그런데 여기 카운터에서 10만 원만 빌려줘. 금방 줄 테니" 하는 것 아닌가.

친근한 표정으로 고객이 부탁하자 오 지배인의 입장에서는 자주 오는 고객이라고 판단하여 카운터에서 10만 원을 꺼내 고객에게 빌려주었다. '바로 돈을 가져오겠지'라고 생각하면서 말이다.

그러나 고객은 한참 시간이 지났는데도 나타나지 않았다. 누구한테 물어볼 수도 없고 해서 끙끙 고민하다가 동료 직원에게 물어보았더니, "오 지배인도 당했구나. 당신이 비번인 날 나도 당했어"라고 하는 것 아닌가. 말 그대로 사기를 당한 것이다.

호텔 직원의 특성상, 그것도 고객 서비스 최일선에서 근무하는 직원으로서 고객이 "오 지배인, 오랜만이야" 하는데 "누구십니까, 처음 보는 고객인 것 같습니다만"이라고 말할 수는 없지 않은가. 자신이 이 호텔을 자주 이용한다면서 직원의 이름까지 부르며 친근하게 대하는 고객에게 "고객님, 저는 처음 보는데요. 누구시더라?"라고 되묻는 것은 아주 초보적인 직원이나 하는 일이다.

고객이 간단하게 자신의 속마음을 드러내고 "이보게, 나일세. 나 모르나? 작년에 여기 자주 왔고, 이 호텔에서 단체행사도 몇 번 했지" 하면 직원의 입장에서는 '단체행사를 우리 호텔에서 몇 번이나 했다니. 고객을 많이 데리고 오는 귀한 손님이군' 이라고 생각한다.

속마음을 너무 솔직하게 털어놓으면 일단 의심해본다

만난 지 얼마 안 되는 사람이 당신에게 너무 친절한 제스처를 보내고 자신의 속마음을 모두 털어놓듯이 친근하게 접근해온다면 일단 의심해볼 필요가 있다. 실제 호텔에서 보는 바와 같이 사기를 치는 사람도 간혹 있다.

오 지배인에게 사기를 친 고객은 서비스 업체에서 근무하는 사람들의 심리를 교묘히 이용한 것이다. '진실한 표정을 지으며 아는 체를 하면 속아넘어가겠지' 라고 생각한 것이다. 친근한 표정, 친근한 마음, 솔직한 표현과 함께 접근하는 사람은 쉽게 뿌리치기가 힘들다.

이런 일은 호텔과 서비스 분야에서만 나타나는 것이 아니다. 그래서 사기를 당하는 것도 전혀 모르는 사람에게 당하는 경우는 드물다고 한다. 주변 친구나 평소 알고 지내던 사람, 아니면 친근한 표정으로 솔직하게 접근하는 사람에게 사기를 당하는 경우가 대부분이다.

고객과 쉽게 친해지기 위해서는 자신의 마음을 솔직하게 있는 그대로 표현하는 것이 매우 중요하다. 그러나 갑작스럽게 자신의 모든 것을 털어놓는 사람에 대해서는 일단 의심을 해보아야 한다.

호텔에서 고객을 대하는 데 있어 프로 기질이 있는 사람, 자칭 서비스 달인이라고 외치는 오 지배인도 결국 친근하게 접근하는 고객을 알아보지 못한 것이다. 고객과의 서비스 경험이 풍부한 오 지배인이 10만 원을 손해 본 것만 보아도 고객을 이해하기란 여간 어려운 일이 아니다.

Check point

당신은 주변 사람들으로부터 속마음을 털어놓지 않는다는 말을 자주 듣는 편입니까?

■ **서비스 달인의 심리테크닉**

주변 사람들을 너무 믿기 때문에 간혹 손해보는 일도 있습니다. 사람들과 친해진 만큼 오해도 많이 생깁니다.

5장

고객의 마음을 읽어라

당신이 가지고 있는 사소한 나쁜 습관

갈등을 미리 원천봉쇄하라

남성들이 알아야 할 여성의 심리

남성 고객의 심리를 파악하라

친해지려면 도움을 청하라

만나는 사람에 대해 ABC 분석을 하자

당신이 가지고 있는 사소한 나쁜 습관

생활 속의 사소한 습관으로 사람을 판단한다

약속시간에 항상 늦거나 말하는 투가 사람을 화나게 하는 등 당신이 인식하지 못한 사소한 습관으로 인해 주변 사람들로부터 외면당하는 경우가 있다. 서비스 달인들이 가장 중요하게 여기는 것은 아주 사소한 습관이다. 약속시간에 늦지 않게 꼭 지키는 습관, 말 한마디도 상대방을 배려해주는 습관, 양보하는 습관 등 이들은 고객을 만나면서 반드시 지키는 습관이 많다.

이런 것들은 일상생활에서 가볍게 생각하는 사소한 습관들이다. 그러나 상대방을 평가할 때는 이런 사소한 습관을 먼저 생각한다. '그 사람 어제 전화한다고 해놓고 아직도 안 하고 있어'라는 생각이 들면 당신은 그 사람을 신뢰할 수 없다. 물론 어쩌다 한 번 이런 실수를 했다면 이해하겠지만 반복적으로 이런 행동을 하면 '안 되겠어, 더 이상 상대하지 말아야지' 하면서 돌아선다.

아무리 상대방이 돈이 많고 배운 사람이라도 기본적인 습관을 보고 평가한다는 사실을 알고 있어야 한다. 그래서 흔히 "사람이 기본이 안 돼 있어"라는 말을 하는 것이다.

요즘 나 홀로 가정을 꾸려가는 사람들이 늘어나고 있다. 이런저런 사유로 인해 자식들을 홀로 키우며 살아가는 사람들을 주변에서 심심찮게 볼 수 있다. 이들은 엄마, 또는 아빠 혼자 일하고 가정을 꾸려나가야 하기 때문에 정신적 · 물질적으로 모든 것이 힘들다.

한번은 아파트에서 오랜만에 가족과 함께 외출하는 여성에게 같은 동에 사는 여자가 "아니, 애들 아빠는 어디 가셨나요?"라고 물었다. 남편과 이혼한 지 오래 되었는데 새삼 "애들 아빠는 어디 가셨나요?"라고 물으면 아이들이나 엄마의 입장에서 뭐라고 답해야 할까.

상대방에게 말을 할 때는 최소한 내 말을 상대방이 어떻게 받아들일지 미리 생각해보아야 하는데, 그저 자기 편한 대로 말하는 사람이 의외로 많다. 이 역시 평소 남을 배려하지 않는 사소한 습관으로 인해 문제가 발생한다.

"아빠는 어디 가셨나요?" 라는 말을 들은 엄마는 '왜 남의 가정에 참견이야' 라고 생각할 수도 있다. 그리고 외식을 하러 나가려는데 이런 말을 들으니 기분이 상해 음식을 먹으러 갈 마음도 사라진다. 그러나 정작 그런 말을 한 당사자는 전혀 눈치채지 못하니 안타깝다.

이웃과 친해지는 것도 쉬운 일이 아니다. 평소 말하는 습관 하나 때문에 영원히 결별할 수도 있다. 말은 항상 조심해야 한다. 한번은 호텔에서 이런 일이 있었다.

객실을 판매하느라 정신이 없는 상황에서 마침 흑인 부부가 객실 예약을 확인하기 위해 가까이 다가왔다. 그때 옆에 있던 동료가 "아, 이자식 무지하게 검네. 이런 흑인은 처음 보는데" 라고 하자, 흑인 남자가 유창한 한국말로 "당신 지금 뭐라고 했어?" 하면서 버럭 화를 내고 항의한 적이 있다.

말을 함부로 했기 때문에 이런 문제가 발생한 것이다. 서비스 직종에 근무하는 사람이라면 특히 말을 가려서 해야 하는데 말이다. 아마도 이제 막 입사한 서비스 초보자가 아닌가 싶다.

말이 너무 많으면 상대방이 피곤하다

말이 상당히 많은 사람이 있다. 말이란 상대를 배려하면서 순서에 입각해서 해야 하는데도 일단 말을 꺼내면 끝이 없는 사람이 있다. 다른 사람들은 '또 시작이야' 하면서 그 사람이 말을 시작하면 일단 피하느라 정신없다. 이런 사람은 자신의 곁을 사람들이 하나둘씩 떠나가는 현장을 목격하면서도 말수를 줄이지 못한다.

말을 잘 한다는 것과 말을 많이 하는 것을 제대로 구별하지 못하는 사람이 의외로 많다. 그런데 더욱 놀라운 것은 이런 유형의 사람들 중에 상당히 많이 배운 고학력자도 많다는 것이다. 뭔가 잘못되어도 한참 잘못되었다. 사람들은 말이 많은 사람들을 별로 좋아하지 않는다.

호텔에서도 보면 유독 말이 많은 고객이 있다. 사실 중요한 말이라면 많이 해도 좋다. 그러나 지극히 사소한 일로도 말이 많으니 문제다. 말이 많은 고객을 직원들은 경계

한다. 혹시나 문제를 일으킬 확률이 매우 높기 때문이다.

호텔에서는 중요하고 핵심적인 말만 고객에게 하도록 교육을 시키기도 한다. 종사원의 입장에서 고객과 시간 가는 줄 모를 정도로 말을 많이 한다고 생각해보라. 동료에게 피해를 주는 것은 물론, 호텔 고객관리 차원에서도 문제가 발생할 수 있다. 오직 한 명의 고객만 상대하는 것이 아니기 때문이다.

서비스 달인들은 고객을 대할 때도 핵심적인 내용만 간단하게 정리해서 말하는 습관을 가지고 있다. 말이 많은 사람은 눈치가 없기 때문에 말이 많다. 상대방이 자신을 좋아하는지 싫어하는지 모르기 때문이다.

말이 너무 많은 사람은 다른 사람과 친해지기가 쉽지 않다. 물론 재미있는 말이야 시간 가는 줄 모르고, 그런 말을 하는 사람에게는 좋은 감정을 가질 수 있다. 그러나 문제는 재미도 없고 지루한 말을 길게 늘어놓기 때문이다. 이런 사람은 전화를 걸 때도 말이 많다. 그래서 이런 사람들로부터 전화가 걸려오면 '아이고, 끝이 없겠군' 하면서 짜증이 난다. 고객과 친해지려면 옷차림 등과 같은 눈에 보이는 겉모습도 중요하지만, 말보다 중요한 것은 없다.

말 때문에 화를 내고 헤어지는 경우가 많다. 그래서 사람들과 처음 만나는 순간부터 명심해야 할 것이 말이다. 자신이 평소 말을 많이 한다는 얘기를 주변에서 들었다면 특히 조심해야 한다. 그리고 상대방이 처음부터 호감을 가질 수 있는 말이 무엇인지도 미리 생각해두는 것이 좋다.

서비스 달인들은 고객을 대할 때 말을 하는 것보다는 고객의 말을 들어주는 데 더 많은 시간을 할애한다. 서비스 달인들은 말을 많이 하지 않는다.

Check point

당신이 평소 사용하는 말 때문에 사람들이 당신을 멀리한다는 사실을 알고 있습니까?

■ **서비스 달인의 심리테크닉**

말을 많이 하진 않지만 어린이를 동반한 가족에게는 어린이에 대한 칭찬을 아끼지 않습니다.

갈등을 미리 원천봉쇄하라

갈등은 고객관계의 가장 큰 적이다

사람들과의 관계에서 흔히 발생하는 것이 있다. 바로 갈등이다. 갈등은 그 정도가 크든 작든 방치했다가는 나중에 심각한 상태로까지 갈 수 있다.

갈등이 발생하는 주 원인은 가치의 차이에 있다. 토머스 고든은 갈등에 대해 '사람들간의 서로 다른 가치들이 인간관계에서 긴장, 좌절, 분노 등을 발생시키는 가치충돌'이라고 하였다.

고등학생인 아들은 친구들과 어울려 밤늦게까지 놀고 싶어하지만 부모는 대학입시가 우선이라며 밖에 나가 노는 것을 허락하지 않는다. 이때 아들과 부모 사이에 갈등이 생긴다. 친한 친구끼리도 갈등이 발생하면 영원히 서로를 멀리 하는 경우가 있다. 직장에서 동료나 상사와도 일을 하다 보면 갈등이 발생한다.

갈등이 발생하는 주요 원인을 살펴보면 누가 더 많은 권력행사를 하느냐에서 출발한다. 야당과 여당의 갈등, 남편과 부인의 갈등, 자식과 부모의 갈등, 회사 상사와 부하직원의 갈등 등은 모두 자신이 주장하고 생각하는 것이 옳고, 이를 상대방에게 주입시키려는 데서 발생한다고 보면 된다.

그래서 우리는 누가 더 힘이 센가 한번 붙어보자는 식으로 덤벼든다. 처음에는 아주 하찮은 문제로 갈등이 시작되지만 나중에는 건잡을 수 없이 큰 갈등으로 이어지는 경우가 많다.

이러한 갈등을 효과적으로 해결하는 방법이 없을까? 물론 방법이 전혀 없는 것은 아니다. 단지 희생이 따르기 때문에 쉽지 않은 것이 문제이다. '나만 손해를 볼 수는 없지' 라고 생각하기 때문이다.

갈등이 발생하면 사람에 따라 이를 해결하는 유형이 여

러 가지가 있다. 일단 갈등 자체를 피하려는 사람이 있다. 이는 문제가 닥치기 전에 사전에 피하는 것이다. 물론 갈등이 생길 문제에 자신이 직접적으로 개입되지 않으면 갈등을 해결하는 좋은 방법이 될 수 있다. 그러나 갈등은 자신이 그 문제에 개입된 상태에서 발생하는 경우가 대부분이다. 그렇지 않으면 갈등을 겪을 일이 없지 않은가. 갈등을 피하는 방법에 익숙한 사람은 일단 갈등이 생길 문제에 개입하지 않는다. 그리고 절대 중립의 입장에서 문제를 해결하려고 한다.

이쪽저쪽 누구의 편도 들지 않으면 인간관계에서는 너무 계산적이지 않냐는 말을 들을 수도 있다. 갈등을 해결하는 과정에서는 중립의 정도를 어느 선까지 지킬 것인지 잘 생각해야 한다.

다음으로는 타협형이 있다. 이는 갈등이 발생할 경우 가능한 한 '좋은 게 좋은 거지 뭐' 하면서 타협을 하는 방식이다. 얼핏 보기에는 좋은 것 같지만, 실제로 갈등이 발생할 경우 타협에 익숙한 사람은 속으로 '항상 나만 피해를 볼 순 없지. 내 문제는 어떻게 처리하라고 그러지?' 라는 생각을 하기 때문에 실제로 갈등이 해결되었다고는 할 수 없다. 갈등을 타협으로 해결하는 것은 엄청난 배려의 정신이 없이는 불가능한 일이다.

마지막으로는 경쟁을 하는 것이다. 어차피 누가 더 많이 하느냐, 누가 더 많이 내느냐 하는 문제로 갈등을 겪는다면 '그래, 두고 보자. 당신이 한 만큼 두 배로 할 거야' 하면서 밀어붙이는 방식이다. 이는 매우 단순한 생각과 행동으로 우매한 사람들이 즐겨 쓰는 방식이다. 이런 유형의 사람은 다른 사람과 언제 어느 때라도 갈등이 발생할 확률이 높다.

갈등을 효과적으로 해결하는 방법

갈등을 해결하는 가장 좋은 방법은 처음부터 갈등의 소지가 있다고 판단되는 것은 뿌리째 뽑아버리는 것이다. 그러므로 문제 자체가 갈등의 소지가 있는지 없는지 판단하는 것이 중요하다.

그러나 처음에는 '뭐 이 정도 가지고 상대방이 기분 나빠 하겠어' 라고 생각했다가 나중에 갈등으로 크게 번진 경우가 많다. 처음에 조금만 깊이 생각했더라면 전혀 문제

없이 잘 해결될 일도 그렇지 못했기 때문에 갈등이 발생하는 것이다.

따라서 갈등의 소지가 있는 것에 대해서는 처음부터 싹을 없애든가, 아니면 철저하게 규칙을 만들어놓으면 된다. 처음부터 문제를 해결하고자 하는 사람들이 모여 향후 문제가 발생할 소지가 있는 것에 대해 규약을 만들어놓는다. 나중에라도 그 문제로 인해 갈등이 생기면 처음의 규약을 보여주면 간단히 해결된다.

호텔이나 일반회사에서는 고객이 지켜야 할 약관과 직원이 지켜야 할 약관을 만들어놓고 적용시킨다. 만약 직원이 인사문제로 상사와 갈등이 있다면 관련 법규를 적용하면 된다. 물건을 판매하는 직원이 고객과 갈등이 생겼다면 판매규정을 보여주면 된다.

이처럼 갈등을 없애는 방법은 축구시합에서처럼 룰을 엄격하게 적용하면 된다. 한 선수가 다른 선수를 발로 찼다면 퇴장시키면 된다. 심판은 관련 축구시합 규정을 따르면 되는 것이다.

서비스 업종에 근무하는 사람들은 고객과의 갈등, 동료 직원과의 갈등, 상사와의 갈등, 판매처와의 갈등 등으로 많은 고민을 한다. 그러나 서비스 달인들은 갈등이 생길 때마다 고민하는 것이 아니라 사전에 어떻게 하면 갈등을 고민 없이 해결을 할 수 있을까 생각하여 관련 규정을 만들어놓고 적용시킨다.

고객과 분쟁이 발생했을 때도 관련 조항을 들이대면 고객은 수긍한다. 서비스 달인은 관련 법규, 규정 등은 보지 않고도 줄줄 외울 수 있다.

디즈니월드는 관객이 지켜야 할 규정, 직원의 사명, 기업의 규정집 등을 만들어 입구에 크게 걸어놓았다. 누구나 보고 익숙해지도록 말이다.

당신의 업체에서도 관련 규정을 숨겨놓을 것이 아니라 누구나 볼 수 있는 공간에 부착해놓으면 갈등의 소지가 없어진다. 고객과 직원들에게 철저하게 적용을 시킬 수 있기 때문이다.

Check point

주변 사람이나 고객들과 갈등이 생기는 원인을 생각해보았습니까?

■ 서비스 달인의 심리테크닉

갈등이 생길 것인지 아닌지 처음부터 고민하고 난 뒤 결정합니다. 어느 편을 들지 신중하게 생각합니다. 아주 사소한 것이라도 상대방이 어떻게 생각할까 미리 고민합니다. 갈등이 발생할 수도 있다고 판단되면 어떤 방법으로 해결해야 할지 주변 사람들과 자주 상의합니다.

남성들이 알아야 할 여성의 심리

여자의 마음을 읽는 것은 어렵지만 꼭 필요한 일

남자와 여자의 관계는 알다가도 모른다. 좋아하는 여자가 갑자기 싫다면서 당신 곁을 떠나는 황당한 경험을 한 사람도 많을 것이다. 그만큼 여자의 속마음을 이해하기가 어렵다. 남자가 여자를 곁에 계속 붙들어두기 위해서는 여성 심리를 깊이 파악하여 여자의 마음을 움직일 수 있어야 한다. 여자의 마음은 갈대라고도 하지만, 여자의 마음이 남자보다 강할 때도 많다.

오랫동안 서비스 업종에서 근무한 사람들은 남성 고객보다는 여성 고객이 다루기가 힘들다는 사실을 너무도 잘 알고 있다. 상황에 따라 여자의 마음은 수시로 변하기 때문이다.

남자가 여자의 마음을 사로잡기 위해서는 일단 여자의 심리를 이해할 필요가 있다. 여자들이 공통적으로 갖고 있는 심리를 이해하는 것은 남자들이 여성에게 쉽게 접근할 수 있는 방법을 터득하는 지름길이라고 할 수 있다. 그렇다면 여자들이 남자를 대할 때의 심리를 알아보자.

여자들은 대부분 남자친구에게 사랑한다는 말을 자주 듣고 싶어한다. 여자들과의 관계가 좋은 남성들은 대부분 여자들이 좋아하는 멘트를 자주 날린다. "자기 사랑해", "당신 없이는 못 살아", "역시 당신만한 여자가 없어", 이처럼 여자들의 환심을 사기 위한 표현을 입에 달고 다닌다.

그리고 여자들의 경우 아름다움에 대한 시기는 하늘을 찌를 정도로 대단하다고 보면 된다. 특히 자신이 사귀는 여자친구와 다른 여자를 비교하는 것은 절교를 선언하는 것과 다름없다. 예를 들면 "그 여자는 키가 아주 크던데", "자기는 주변 여자들에 비해 머리가 조금 커"라는 말이 떨어지기가 무섭게 당신 곁을 떠난다는 사실을 기억하라.

아름다움에 대한 비교는 좋은 의미가 아니라면 당신과

만나는 여자 앞에서 절대 해서는 안 된다. 반면에 "당신은 다른 여자에 비해 눈이 무척 매력적이야" 하는 말은 얼마든지 해도 좋다.

또한 여자들은 사귀는 사람에 대해 의심하거나 사랑을 확인받고자 하는 경향이 강하다. 당신의 사랑을 끊임없이 확인해보고 싶어한다. 당신이 조금만 다른 여자에게 관심을 보여도 이내 의심을 한다는 것이다. 가능하면 좋아하는 여자 앞에서는 의심을 살 만한 행동을 삼가야 한다.

일단 여자가 당신을 의심하게 되면 쉽게 벗어날 수 없다. 한 번의 의심으로 인해, 그것도 아주 사소한 문제에 대해 의심한 여성이 몇 년 만에 오해를 풀고 본래의 마음으로 돌아왔다는 이야기도 있다. 그만큼 여자들의 의심이 무섭다는 것을 단적으로 보여주는 예이다.

여자들은 사소한 것에도 상당히 민감한 반응을 보인다는 사실도 알아야 한다. 예를 들면 남자친구가 화이트 데이에 초콜릿 선물을 챙겨주면 좋아한다. 작은 선물이지만 말이다. 뿐만 아니라 생일, 처음 만난 날, 만나는 동안 기억에 남는 날, 예를 들면 아주 추운 겨울날 둘이 밤새워 거리를 걸었던 날 등 기억이 될 만한 날은 생생하게 기억해두는 것이 좋다. 여자의 환심을 사기 위해 특별한 날을 기억하는 것보다 더 좋은 방법은 없기 때문이다. 만약 기억하기가 힘들다면 여자친구가 모르게 자신만 알도록 수첩에 적어놓는다.

깜짝 쇼를 할 필요도 있다. 여자들은 "아니, 어떻게 자기가 그날을 알았어? 우리가 처음 만난 날인데" 하면서 좋아한다. 그리고 "당신, 우리가 만난 지 며칠 되었는지 알고 있어?"라고 넌지시 물어보라. 대부분의 여성들은 처음 만난 날은 기억하지만 정확하게 만난 지 얼마나 되었는지는 잘 모른다.

이때 정확하게 "오늘까지 포함해서 198일 되었어"라고 말해보라. 이런 말을 들은 여자는 '이 남자가 나를 처음 만난 순간부터 지금까지 날짜를 세고 있었나?' 라고 생각하면서 무척 놀라운 얼굴로 당신을 쳐다볼 것이다. 그리고 당신에 대해 좋은 이미지를 가질 것이 분명하다.

대부분의 남성들은 여자를 언제 처음 만났는지는 알고 있지만 전체 만난 날짜의 총합을 계산하지 않고 대충 '8개월 정도 되었나' 라고 짐작한다. 하지만 민감한 여성이라면 "8개월 정도 되었나?"라는 말을 자신에게 무관심하다는 의미로 받아들일 수 있다. 사귀는 여자에게 한 번쯤 정확하게 만난 날짜를 말해보라. 그 효과가 얼마나 큰지 새삼 알게 될 것이다.

여성의 심리를 알면 서비스에도 많은 도움이 된다

서비스 업체에서 근무하는 서비스 달인들은 단골로 오는 여성 고객에게 "작년 가을 10월 초에 오시지 않으셨습니까?"라고 묻는다. 그러면 여성 고객은 깜짝 놀라면서 기분 좋아한다.

서비스를 잘 한다고 소문난 달인들은 고객의 이름만 기억하는 것이 아니라, 고객이 언제 방문했는지도 정확하게 기억한다. 고객을 기억한다는 것은 고객을 중요시 여긴다는 것을 단적으로 보여주는 셈이다. 만약 당신이라면 어떻겠는가. 당신이 방문한 날짜를 기억하는 사람을 그냥 평범하게 보지는 않을 것이다.

그리고 여자들은 모든 것을 솔직하게 털어놓고 이야기하는 것을 좋아한다. 그래서 여자들의 마음을 잘 읽는 남성들은 여자와 대화할 때 첫마디부터 "저는 솔직한 것을 좋아합니다"라고 시작한다. 여자의 마음을 흔들리게 하는 것이다. 첫마디로 솔직한 것을 좋아한다고 말하는 의미는 나는 당신을 대할 때 거짓으로 대하는 것이 아니라는 것을 간접적으로 선포하는 것이다.

대화를 할 때 "저는 당신의 눈을 보고 너무도 솔직하다는 생각을 했습니다"라고 말한다. 앞에 앉아 있는 여성에게 눈을 강조해서 말하면 대부분 '흠, 나를 제대로 보고 있군' 이라고 생각한다. 눈빛을 보고 상대의 마음을 읽는다고 생각하기 때문이다. 일단 솔직한 표정을 짓고 솔직한 것을 좋아한다는 남성의 말에 여자는 남자의 속이 어떻든 간에 마음이 끌린다.

여자들은 또한 자신의 실수에 대해 지적해주는 것을 꺼려하지만 속으로는 좋아한다. 예를 들면 여자가 가방을 깜빡 잊고 레스토랑에 놓고 나올 때 "가방을 놓고 나오시는데요"라고 남자가 말하면 얼굴이 빨개지면서 속으로는 '꽤나 다정한 사람이군' 이라고 생각하여 당신에게 끌리는 감정을 갖는다.

그러나 너무 꼼꼼하다는 인상을 주면 오히려 역효과가 나는 경우도 있다. 여성들은 '남자가 너무 꼼꼼해' 하면서 싫어할 수도 있다. 그러나 꼼꼼하지 않은 여성은 당신이 챙겨주면 좋아한다. 여자들은 남자에게 의지하려는 경향이 강하기 때문에 가능하면 배려하는 데 많은 신경을 써야 한다.

서비스 달인들은 여성 고객을 특별하게 모시고 신경을 쓴다. 여성 고객은 자신의 마음에 들지 않으면 두 번 다시 그 매장을 방문하지 않으며 자존심도 아주 강하다. 그래서 여성 고객이 호텔에 오면 서비스 달인들은 말도 부드럽게 하고 상냥한 목소리로 서비스에 최대한 신경을 쓴다. 여성 고객에게 찍히면 남성 고객보다 두 배나 더 소문이 나쁘게 난다는 사실을 명심하라.

Check point

당신은 여자의 마음을 제대로 이해하고 있습니까?

■ **서비스 달인의 심리테크닉**

화가 난 여성 고객도 금방 웃게 만드는 기술이 있습니다.

남성 고객의 심리를 파악하라

남자의 마음을 읽는 것도 중요하다

"저 사람이 나를 무척 좋아하는 것 같아", "나에게 너무 잘 해준단 말이야" 하면서 여자들은 남성에 대해 나름대로 느낀 감정을 이야기한다. 그리고 여자들은 남자들이 아주 단순하기 때문에 예쁜 여성들에게는 사족을 못 쓰며 달려든다고 생각한다.

물론 틀린 말은 아니다. 그러나 남자들은 얼굴이 예쁘든 안 예쁘든 말을 걸어오는 여자에게 싫은 표정을 짓지는 않는다. 이때 여자들이 착각하기 쉬운 것 중 하나는 '이 남자가 나에게 관심을 가지고 있어' 하면서 남자가 자신을 좋아하는 것으로 생각한다는 것이다.

이것은 큰 착각이고 실수이다. 남자들은 오히려 자신이 좋아하는 여자에게는 쉽게 감정을 표출하지 않는다. 오히려 무관심한 태도를 보이는 경우가 많다.

대부분의 여성들은 남자들이 호탕하고 외향적이라고 생각하지만, 여자문제만큼은 상당히 보수적인 면이 있으며 내성적이다. 그래서 남자들은 센스 있고 명랑한 여자를 좋아한다. 거기에 섬세한 마음까지 갖추고 있는 여자라면 남자들이 쉽게 마음을 준다. "정말 섬세한 면이 있어", "성격이 아주 명랑한데" 하면서 좋아한다.

이러한 모든 것이 여자들이 이해하지 못하는 남자들의 심리에서 나온다. 여성이 남성들에게 좋은 점수를 받으려면 일단 센스와 섬세한 면을 갖추어야 한다. 일에 미쳐 오직 일밖에 모르는 억척스러운 여성에게 남자들은 "역시 당신은 남자 이상의 역할을 충분히 해내는 사람이야. 남자들이 부끄러워"라고 말한다. 그러고는 한마디 덧붙인다. "나는 이 다음에 당신 같은 사람하고 결혼하고 싶어."

이런 말을 들은 여자는 그날 하루 종일 기분이 좋아 '나는 남자들한테 인기가 너무 많아' 라고 생각하겠지만 꿈에서 깨어나는 것이 좋다.

그런 말을 당신 앞에서 당당하게 표현한 남자는 이미 당신에게 마음이 없다는 의미로 받아들여야 한다. 그러나 상당수 여성들은 이런 말을 듣고 '내가 얼마나 생활력이 강하고 억척스러운지, 이제야 나의 매력을 아는 것 같아' 하면서 기분 좋아한다. 하지만 절대로 남자들은 애프터 신청을 하지 않는다는 사실을 명심하라.

똑같은 상황에서 "역시 당신이 최고야. 안 되는 것이 없어. 생활력도 강하고 누구와도 지지 않는 기질이 있어서 당신이 좋아"라는 말을 여성한테 들었다면, 남성의 경우도 깊은 감명을 받고 무척 좋아한다. 물론 이런 말을 한 여성은 남성에 대해 좋은 감정을 갖고 있다고 보면 된다. 이처럼 여자와 남자는 다른 면을 볼 수 있다.

남자들은 느낌이 오는 말에 민감한 반응을 보인다

또 한 가지는 여성이 진정으로 사랑하기를 원한다면 남성들이 듣기 원하는 말을 잘 선택해서 해야 한다. 남자들은 분위기 있고 느낌이 오는 말에 매우 약하기 때문이다.

"당신과 함께 있으면 늘 편안해요"라는 말과 "당신과 함께 있으면 늘 재미있어요"라는 말을 생각해보자. 아마도 남성들은 '재미있어요'라는 말보다는 '편안해요'라는 말에 훨씬 더 좋은 점수를 줄 것이다. 그만큼 편안하다는 말에 다정하고 좋은 느낌을 받는다. '재미있다'는 것은 남성에게는 무언가 느낌이 부족한 말일 수도 있다.

"당신과 같이 있는 시간은 편안합니다", "당신은 언제나 자상해요", "당신에게서 아버지 같은 느낌을 받고 있어요"라는 말을 생각해보라. 이런 말을 한 여자에 대해 호감을 갖지 않을 남성은 거의 없다고 본다. 그만큼 남자들은 여자들이 생각하는 것보다는 느낌에 민감하다.

그리고 남자들은 남들 앞에서 잘난 체하고 말이 많은 수다쟁이 여성에게 "당신은 정말 대단해. 어떻게 그런 어려운 말을 잘 할 수 있을까!"라고 말하지만, 정작 속으로는 '저 잘난 체는 끝이 없군. 빨리 정리해야지'라고 생각한다. 남자들은 아는 것이 많고 남한테 지지 않으려는 여성에게는 무관심하다. 물론 남자들도 개개인마다 다를 수 있다.

주변에 여자들을 몰고 다니는 인기 많은 남성들을 보면 얼굴이나 실력, 재력이 특별히 뛰어나지 않은 경우도 많다. "아니, 재는 남자라기보다 꼭 여자 같은데 뭐가 좋다고 그렇게 따라다녀"라는 말을 주변에서 들어보았을 것이다. 그리고 당신이 어머니가 되었을 때 딸이 남자친구라고 데리고 온 사람이 사윗감으로 모자라 보이는데 정작 딸은 좋아서 어쩔 줄 몰라 하는 경우도 많다. 이는 바로 여자들이 어떤 남자에게 잘 빠지는지 당신이 이해하지 못하기 때문이다.

당신도 한때는 별볼일없는 사람과 사랑에 빠졌다고 어머니에게 호되게 질책을 당했을 수도 있다. 여성들은 남성에 대해 잘 모르기 때문에 자칫 큰 실수를 범할 수도 있다.

그래서 남자들이 바람을 피우고 부인과 이혼하고 다른 여자와 로맨스에 빠져드는 것이다. 30년을 살면서도 속으로는 '이 여자는 아니야' 라고 생각하다가, 나중에 자식들을 다 독립시키고 그제야 "이제 당신과 헤어지고 싶어"라고 말하는 남성이 있다는 사실을 알아야 한다.

남자들은 칭찬에 민감하다

"당신, 너무 멋있어. 그 넥타이 색깔 잘 어울리는데"라는 말에 남자들은 무척 기뻐한다. 특히 복장에 대해서는 아주 민감하다. 그래서 센스 없는 여성은 "부장님, 넥타이 색깔 좀 바꾸세요"라고 말 한마디 잘못했다가 영원히 찍히는 것이다.

일단 마음에 드는 남자가 있다면 가장 기초적인 것부터 칭찬하는 연습을 해두자. "옷이 아주 멋있어요", "머리 스타일이 짧아서 젊어 보이네요"라는 말은 엄청난 효과를 발휘한다. 얼굴이 못생긴 여자가 이런 말을 했다 하더라도 기본 점수 이상은 충분히 받을 것이라고 확신한다.

아침 일찍 출근하는 남편에게 "당신 양복이 오늘따라 근사한데"라는 말을 해주면 남편은 하루 종일 기분이 좋을 것이다. 물론 출근하자마자 갓 입사한 여직원으로부터 이런 말을 들었다면 더 기뻐할 것이다.

호텔이나 외식업체에서 근무하는 서비스 달인들이 정장을 한 남성 고객에게 다가가 "영화배우 누구랑 닮았는데요" 하면 대부분 좋아한다. 하지만 "코미디언 누구를 닮은 것 같은데요"라고 하면 금방 얼굴색이 변하는 것을 여러 번 목격했다. 이는 남자들의 심리를 제대로 파악하지 못한 서비스 하수들이 저지르는 실수이다.

남자들이 '멋있다' 라는 표현에 약하다는 사실을 알아두면 데이트할 때 많이 활용할 수 있다. 그리고 남자들은 자신을 좋아하는 사람에게 매우 약한 면을 보여준다. 그래서 남자들은 보기보다 정에 약하다.

남자와 여자가 헤어질 때 남자는 잠을 제대로 못 자지만 여자들은 남자 앞에서는 아주 슬픈 표정을 짓고 아쉬워하다가도 돌아서면 쉽게 잊어버린다. 물론 사람마다 조금씩 다르기는 하지만 말이다. 이는 남자들이 정에 약하기 때문이 아닌가 싶다.

남자들은 자신을 좋아하며 밤이나 낮이나 끈질기게 따라다니는 여성에 대해 한편으로는 지겨워하면서도 은근히 좋아한다. "나를 너무 좋아해서 귀찮아 죽겠다니까" 하면서도 그런 행동을 보인 여자에게 관심을 갖는다.

얼굴도 멋있고 잘생긴 남자가 "아니, 저럴 수가" 하고 깜짝 놀랄 정도로 못생긴 여자랑 사귀는 경우도 의외로 많다. 여자들은 자신의 미모만 믿고 남자들을 우습게 대할 것이 아니라, 비록 미모가 떨어져도 끈질긴 구애작전을 펼치면 의외로 멋있고 개성 넘치는 남자를 만날 수 있다.

또 한 가지는 남자들은 보기와는 달리 여성에게 쉽게 설득당한다. 그래서 여자들에게 인기 있는 남성과 거래하다 보면 수월하게 일이 잘 풀리는 경우도 많다. 쉽게 설득당하기 때문이다. 호텔에서도 남성 고객이 여성 고객보다는 훨씬 더 상대하기가 편하다.

한번은 호텔에서 이런 일이 있었다. 신혼여행차 예약한 호텔에 도착하여 등록하는 과정에서 사건이 발생했다. 고객은 "아니, 침대 방이 없다고요?" 하면서 강력하게 항의했다.

이는 호텔에서 크게 잘못한 것이다. 사전에 예약을 한 침대 객실을 다른 고객에게 판매했기 때문이다. 이럴 때 호텔에서는 난감하지 않을 수 없다. 서비스를 최고로 중요하게 여기는 호텔에서 고객과의 약속을 지키지 못했기 때문이다.

고객은 계속 예약한 객실을 요구하지만 호텔에서는 이미 침대 객실을 모두 판매해버려서 난감하다. 이때 고객 서비스 초보자는 신부를 상대로 설득하려고 하지만 쉽지 않다.

이런 경우 서비스 달인들은 먼저 신랑을 상대로 설득한 뒤 성공하면 신부를 설득한다. 그리고 온돌방으로 바꾸어 판매한다. 신부를 아무리 설득하려고 해도 힘든 경우를 여러 번 경험했다.

서비스 문제가 발생할 경우 남녀가 같이 왔을 때는 먼저 남성 고객을 설득하고 사과하는 것이 훨씬 효과적이다. 여성 고객이 호락호락하게 이해해주지 못할 상황이라면 말이다. 호락호락하지 않은 여성을 상대로 계속 설득해도 성공할 확률은 높지 않다.

아직도 많은 남성들이 매력 넘치는 여자를 애타게 찾고 있다. 그러나 모든 여성들이 남성들에게 매력을 줄 수 있는 것은 아니다. 남성들에게 매력을 주고 호감을 줄 수 있는 여성은 바로 남성들의 심리를 확실하게 파악하고 행동하는 여성이다.

Check point

당신은 남자들이 어떤 여자에게 매력을 느끼는지 알고 있습니까?

■ **서비스 달인의 심리테크닉**

남성 고객들이 칭찬에 약하다는 사실을 알고 있습니다.

친해지려면 도움을 청하라

부탁을 하면 상대방과 친해진다

"나는 아무에게도 도움이 되지 못해", "당신을 도와주고 싶은데 능력이 안 되네", 이렇듯 사람들은 자신이 남을 도울 수 있는 능력이 부족하다고 생각할 때 비참해진다. 이와는 달리 남을 도와주는 사람은 항상 마음이 기쁘다. 그리고 자신이 남을 도와줄 수 있다는 것에 큰 자부심을 느낀다.

남에게 도움을 주는 것만큼이나 남의 도움을 받는 것도 인간관계에서 중요하다. 줄리어스 시저는 이런 말을 했다. "친구로부터의 요구만큼 기분 좋게 들리는 음악은 없다."

이는 친구가 당신에게 무언가 부탁했을 때 기분이 매우 좋다는 것이다. "내가 친구를 도울 능력이 충분하지" 하면서 흡족한 마음이 드는 것을 당신도 경험했으리라.

그래서 친해지려면 상대방에게 신세를 지라는 말도 있다. 일단 상대방에게 신세를 지게 되면 서로 가까워진다. 당신이 만나는 사람이 너무 완벽해서 모든 일을 혼자 처리한다고 가정해보라. 한편으로는 그런 사람을 무척 좋아하겠지만, 다른 한편으로는 '너무 삭막해. 한마디로 무서운 사람이야' 라고 생각할 수도 있다.

사람과의 관계는 주는 것만큼 받는 것을 원하기도 하지만, 일단 상대방에게 받기 위해 부탁을 하면 이는 상대방과 친해지기 위한 전초전이라고 할 수 있다. 부탁을 주고받을 정도로 원만한 사이가 되었을 때 서로의 관계가 돈독해지는 것이다.

어떤 사람과 원만한 인간관계를 유지하기 위해서는 한 번쯤 부탁하는 것에 인색하지 말아야 한다. '당신이 알면 얼마나 안다고 나를 도와줘' 라고 생각할 수도 있지만, 진정으로 상대방과 원만한 인간관계를 맺고자 한다면 너무 자존심을 앞세워 대할 필요는 없다.

당신이 능력이 없어서 부탁한다고 생각하지 말아야 한다. 물론 능력이 없어서, 또는 관련 분야가 아니라서 부탁하는 경우도 많다. 그러나 부탁이라는 것을 잘 활용하면 상대방과의 서먹한 거리를 좁히는 데 큰 역할을 할 수 있다.

만약 당신이 만나고자 하는 사람이 당신을 너무 완벽하다고 생각할 경우, 상대방은 당신에게 쉽게 접근할 수 없다. 이때 당신이 상대방에게 뭔가 부탁을 하면 상대방은 당신에 대해 편안함을 느낄 수 있다. 또한 '나에게 부탁하는 것을 보니 나를 인정하고 있군' 이라고 생각하여 기분이 좋아질 것이다.

물론 부탁하는 것이 쉬운 일은 아니다. 상대방이 어떻게 받아들일지 알 수 없기 때문이다. 그러나 예의를 갖추어 진심으로 부탁하면 상대방이 들어줄 수도 있다.

그리고 부탁을 들어준 상대방은 자신에게 부탁했다는 것만으로도 기분이 좋아진다. 자신에게 뭔가를 부탁한다는 것은 누군가를 위해 봉사할 수 있는 기회라는 생각이 들기 때문에 기분이 좋아지는 것이다. 부탁은 사람을 만나는 데 있어 상대방과 나의 긴장을 빠른 시간에 해소할 수 있는 좋은 방법이다.

긴장을 풀면 쉽게 친해진다

어렸을 때 읽었던 《걸리버 여행기》를 한 번쯤 되새겨보면 왜 사람관계에서 긴장을 풀어야 하는지 이해할 수 있을 것이다.

걸리버는 항해 도중 표류하여 낯선 땅에 도착하는데, 깨어나 보니 자신이 아주 작은 사람, 겨우 엄지 손가락만한 사람들에 의해 손과 발이 묶여 있다는 사실을 알았다. 난쟁이 사람들은 걸리버 주변에 모여 웅성거리고 있었다. 만약 밧줄을 풀어주면 이 거인이 자신들이 사는 동네를 완전히 쑥밭으로 만들어버릴 수도 있다는 생각에 무서웠기 때문이다.

이때 걸리버는 이들을 해치지 않는다는 것을 보여주기 위해 가만히 누워 있었다. 그러자 난쟁이들은 걸리버의 손이나 다리, 심지어는 머리카락 속에까지 들어가 춤을 추고 노는 것이었다. 그래도 걸리버는 끄떡도 하지 않은 채 가만히 있었다. 그러자 난쟁이들은 이 거대한 거인이 자신들을 해치지 않는다는 사실을 깨닫고 걸리버를 풀어주었다. 그리고 그를 아주 귀중한 손님으로 모셨다.

이 이야기에서 주의깊게 보아야 할 점은 걸리버가 상대방의 긴장을 풀어주었다는 것이다. 상대방에게 전혀 해를 끼치지 않는다는 것을 행동으로 보여주었다. 마찬가지로 당신이 친해지고 싶은 사람이 있다면 먼저 상대방이 당신에 대해 긴장감을 느낄 수 있는 요소를 모두 없애버려라. 그 방법은 간단하다. 상대방에게 부탁하는 것도 좋은 방법이다.

부탁도 여러 가지가 있다. 예를 들어 대학생이라면 사랑을 고백하고자 하는 여자에게 다가가 레포트를 같이 하자고 부탁할 수도 있다. 만약 어려운 영어문제를 이해하지 못하면 "이 문제는 너무 힘드네요. 좀 도와줄 수 있습니까?"라고 묻는다.

만약 절친한 친구로 사귀고 싶은 사람이 있다면 그 친구의 강점이 무엇인지 먼저 파악해서 그만이 가지고 있는 강점에 대해 넌지시 부탁을 해보라. "논문의 통계수치가 이해되지 않는데 이것은 어떤 식으로……" 하면서 슬쩍 물어보라. 그러면 상대방은 당신에 대해 긴장을 풀고 "그 논문은 내가 잘 알고 있는데" 하면서 당신을 적극적으로 도와줄 것이다.

상대방이 당신에 대해 긴장하면 절대 친해질 수 없다. 그래서 사람들은 유머가 있는 사람과 친해지려고 하고, 또 이런 사람과 가깝게 지내는 것에 대해서는 전혀 거리낌이 없다. 개그맨이나 코미디언들은 사람들을 웃겨서 긴장을 해체시키는 기술을 가지고 있기 때문이다. 이들은 사람들의 심리를 너무나 잘 알고 있다. 나는 지금까지 긴장을 하면서 웃는 사람을 본 적이 없다.

아는 것도 질문하라

남녀가 맞선을 보는 자리에서는 대부분 긴장한다. 이는 서로에 대해 충분히 알지 못하기 때문에 긴장을 할 수도 있고, 상대방이 부담스러울 정도로 잘생겼을 때도 긴장을 한다. 하지만 너무 긴장하면 제대로 말도 안 나오고 목소리도 떨린다.

이런 경우 가장 먼저 긴장을 해체시킬 수 있는 방법은 상대방에게 넌지시 질문을 하면 된다. 만약 상대방이 영어를 전공한 사람이라면 "영어를 단시간에 배울 수 있는 방법은 없을까요?"라고 물어보라. 아마도 이런 질문을 받은 여성은 자신의 전공에 대해 상세하게 당신에게 설명해줄 것이다. 설명을 한다는 것 자체는 당신에 대해 긴장을 풀었다는 의미로 받아들일 수 있다. 처음부터 말문을 여는 데 성공한 것이다.

만약 당신이 이런 질문을 하지 않고 가만히 있으면 상대방은 상당히 긴장한다. 서비스 업체에서 근무하는 서비스 달인들은 고객과 친해지기 위해 많은 노력을 한다.

고객 중에는 자기 자신을 내세우려는 사람도 많다. 바로 이런 점을 간파하여 서비스 달인이 "사장님, 어떻게 무역업을 해서 성공하셨습니까?"라고 물으면 아주 상세하게 설명해주는 고객이 의외로 많다.

물론 처음 만난 고객에게 이런 질문을 하는 것이 아니라 몇 번 호텔을 방문하여 어느 정도 안면이 있는 상태에서 말을 거는 것이다. 서비스 달인으로부터 이런 질문을 받고 고객이 너무도 좋아하는 모습을 여러 번 목격했다.

자주 질문하라. 고객은 자신을 알아주는 종사원을 무척 좋아한다. 그래서 서비스 달인들은 질문하는 것에 익숙하다. 고객과 친해지기 위해서 일부러라도 질문을 만들어 고객에게 물어보는 서비스 달인들이 많다는 사실을 여러분도 참고할 필요가 있다. 고객의 긴장을 풀어주는 방법은 고객의 위신을 세워주는 질문을 하는 것이다.

Check point

당신은 다른 사람에게 부탁하거나 질문하는 것이 자존심 상한다고 생각합니까?

■ 서비스 달인의 심리테크닉

고객과 친해지기 위해 자주 질문을 합니다. 상황에 따라서는 아는 것도 질문합니다.

만나는 사람에 대해 ABC 분석을 하자

고객관리 데이터만 중요한 것이 아니다

매일 사람들을 만나지 않으면 안 되는 직업도 많다. 굳이 사람들을 만나는 직업이 아니더라도 우리는 늘 사람들을 만난다.

동창회, 회사모임, 군대동기 모임, 친구모임 등 사람을 만나는 모임은 너무나도 많다. 바쁜 경우에는 모임에 나가지도 못하고 전화만 한다. 그리고 나중에는 모임에 나가지 못한 것을 후회하기도 한다.

모임의 성격, 만나는 사람의 중요도에 따라 반드시 참가해야 할 모임, 반드시 만나야 할 사람 등 나름대로 만나는 사람의 리스트를 작성해본다.

월별로 ABC 분석을 활용하여 만나는 사람들에게 적용해보면 많은 도움이 될 것이다. 반드시 사람을 만나야 하는 직업에 종사하는 사람이라면 말이다. 월별로 ABC 분석을 하는 것은 음식점의 매출을 집계하듯이 사람관리를 할 필요가 있다는 것이다.

성공하는 음식점의 경우 매월 ABC 분석을 하여 철저하게 음식점의 메뉴를 관리한다. 보통 음식점에는 판매되는 메뉴가 많게는 수십 가지에서 적게는 한두 가지이다. 영업을 잘 하는 음식점에서는 월별로 판매되는 메뉴의 종류와 매출액을 집계하여 분석한다.

매일 판매되는 메뉴라 할지라도 사장이 분석하지 않으면 어떤 메뉴가 많이 팔렸는지 정확하게 알기가 어렵다. 그래서 잘 팔리는 메뉴, 보통으로 팔리는 메뉴, 안 팔리는 메뉴로 구분하여 표로 작성하는 것이다.

전체의 매출 총액에서 가장 잘 팔리는 메뉴를 A군, 다음으로 B, C 등으로 집계하여 잘 팔리는 메뉴는 반드시 별도로 관리한다. A, B, C군은 %를 기준으로 해서 작성한다. 잘 팔리는 메뉴는 전체 매출액에서 90%, 다음으로는

70~89%, 나머지는 C군으로 분류한다.

이 분석을 한 후 메뉴 구조조정을 할 때 잘 팔리지 않는 메뉴는 과감하게 정리한다. 메뉴 수가 많다고 고객이 많이 오는 것은 아니다. 자신의 음식점에서 잘 나가는 메뉴가 무엇인지 알면 나중에 음식점을 차별화시킬 때도 큰 도움이 된다.

그렇다면 사람과의 관계에서 ABC 분석을 어떻게 적용시킬 것인지 설명해보기로 하겠다.

일단 노트를 한 권 구입해서 하루 단위로 자신이 만난 사람, 전화통화를 한 사람, 만나야 할 사람 등을 상세하게 기록한다.

처음에는 하루 단위로 기록한 다음 일주일 단위로 종합해서 기록한다. 물론 하루 단위가 지루하다면 처음부터 일주일 단위로 정리해도 무관하다. 일주일 단위로 정리한 다음에는 월별로 다시 분석한다.

"이 모임은 더 이상 필요가 없겠어", "박 사장은 계속 만나야 할 사람이야. 며칠 내로 통화해야지", "자주 만나는 사람인데 요즘 연락이 없는 걸 보니, 내가 먼저 연락을 해야겠군" 하면서 리스트를 정리한다.

그러다 보면 다음달에 우선적으로 만나야 할 사람은 A군에, 다음은 B, C 등으로 분류할 수 있다. 일단 A군으로 설정한 사람은 당신이 중요하게 생각하는 사람이므로 별도로 관리할 필요가 있다. 계속적으로 상대방과 접촉해야 하기 때문이다.

그리고 B, C군에 대해서는 '시간을 두고 만나도 될 사람이야' 라고 결정한다. 물론 B, C군으로 설정되었다고 해서 관리를 하지 말라는 것은 아니다.

정작 중요한 사람을 소홀히 하지 않도록 한다

중요한 사람이라는 사실을 인지하면서도 이들에 대한 관리를 소홀히 하는 경우가 많다. 그러고는 시간이 한참 지난 후에 '내가 먼저 연락했어야 하는데' 하며 후회한다. 나중에 다시 연락을 취하려고 하면 '지금까지 연락하지 않았는데 갑자기 연락하면 이상하지 않을까' 하고 걱정된다. 이렇게 차일피일 미루다 보면 중요한 사람을 만나는 것 자체를 포기하게 된다.

사람과의 관계는 처음이 상당히 중요하다. 처음에 관계를 제대로 정립해놓으면 나중에는 저절로 된다. 한 달 내에 만나야 할 사람, 그만 만나고 정리해야 할 사람, 만나긴 하되 거리를 두고 만나야 할 사람, 반드시 만나야 할 사람, 당장 지금 약속을 정해야 할 사람 등 만나는 사람의 중요도에 따라 정리를 할 필요가 있다.

고객이 몰리는 음식점의 경우 매출관리를 잘 한다. 월별로 ABC 분석을 하여 잘 팔리는 메뉴, 잘 팔리지 않는 메뉴, 전혀 팔리지 않는 메뉴를 사장이 한눈에 파악할 수 있는 시스템을 갖추고 있다. 어떤 메뉴를 계속 발전시켜야 하고 더 개발해야 할지 ABC 분석을 통해 정보를 얻는다.

사람과의 관계 역시 만나는 사람이 문제가 있어서 당신에게 피해를 준다면 정리할 필요가 있다. 한 달간 당신이 만났던 사람들에 대해 생각해보면 알 수 있다. 더 정확하게 하려면 일주일 단위로 만났던 사람을 다시 한 번 떠올려본다.

그래서 한 달간 집계를 해보면 지금 당장이라도 문자 메시지를 보내야 할 사람의 목록이 나온다. 그리고 상대방으로부터 만나자는 연락이 오면 바로 만난다. 그러나 만나서 전혀 도움이 되지 않는 사람은 계속 만나야 할지 고민해볼 필요가 있다.

갈수록 사회가 복잡해지고 만나야 할 사람은 점점 늘어나고 있다. 과연 당신은 어떻게 사람과의 관계를 계속적으로 유지할 것인지 점검해볼 필요가 있다. 단지 ABC 분석을 통해서만 하라는 것은 아니다. 당신이 만나야 할 사람에 대해 별도로 리스트를 작성해서 책상 앞에 붙여놓는 것도 좋은 방법이다.

사람들은 한참 시간이 지난 후에 "아차, 그 모임에 가서 그 사람을 꼭 만났어야 하는데" 하면서 모임에 참석하지 못한 것을 안타까워한다. 항상 만나야 할 사람, 가끔 만나야 할 사람 등을 정확하게 기록하여 책상 앞에 걸어놓고 매일 보라.

이런 식으로 계속 사람들을 관리하면 당신은 실수하지 않을 것이다. 그리고 사람관리에 대해서는 누구도 따라올 수가 없다. 매일 만나는 사람뿐만 아니라 오늘부터라도 정리해야 할 사람이 있다면 더 이상 미련을 두지 말고 정리 리스트에 올려놓아라.

서비스 달인들은 고객관리 리스트를 만든다. 고객이라고 해서 모두 같은 고객이 아니다. 아주 중요한 고객, 그저 그런 고객, 피곤한 고객, 오지 말았으면 하는 고객 등의 리스트가 필요하다.

종사원을 한 번 피곤하게 한 고객은 다음번에도 같은 일을 반복할 확률이 매우 높기 때문에, 다른 종사원들에게도 그런 유형의 고객에 대해 빨리 알려서 사전에 대처하도록 해야 한다.

이와 반대로 아주 중요한 고객 역시 다른 종사원들에게 알려서, 전에 제공한 것과 똑같은 서비스를 누구나 제공할 수 있도록 하기 위해서라도 고객관리 리스트가 필요하다.

서비스 달인들은 관리하는 고객이 많게는 몇 만 명까지 되는 사람도 적지 않다. 이들은 그 많은 고객들을 고객관리 리스트, 즉 ABC 분석에 의해 관리한다.

Check point

당신은 만나는 사람에 대해 리스트를 작성해서 관리하고 있습니까?

■ 서비스 달인의 심리테크닉

만나고자 하는 고객에 대해 철저하게 리스트를 작성해서 관리하고 있습니다. 월별, 주별, 일별로 고객관리 데이터를 관리하고 있습니다. 정기적으로 고객에게 안부인사를 합니다. 단골고객인 경우 반드시 현장에 나가 직접 인사를 합니다.

■참고문헌

- 김근종, 《관광서비스론》, 백산출판사, 2003.
- 김근종, 《좋은 서비스가 나를 바꾼다》, 중앙경제평론사, 2005.
- 크리스 라반 · 주디 윌리엄스 공저, 김문성 역, 《심리학의 즐거움》, 휘닉스미디어. 2005.
- 송관재 외, 《생활 속의 심리학》, 학문사, 1988.
- 송운석, 《인간관계의 이해》, 학현사. 1999.
- S. 프로이트, 서석 역, 《정신분석학 입문》, 범우사, 1996.
- 이홍기 외, 《인간관계론》, 한올출판사, 1998.
- 최광선, 《마음을 읽으면 사람이 재미있다》, 사계절, 1988.

- Robert E. Alberti and Michael L. Emmons, Stand Up, Speak Out, Talk Back, 1988.
- Ellis, H. C. and Ashbrook, P. W., The State of Mood & Memory Research : A selective review, Journal of Social Behavior & Personality, 1989.
- Thomas Gorden, P. E. T. in Action, 1976.

중앙경제평론사
중 앙 생 활 사

Joongang Economy Publishing Co./Joongang Life Publishing Co.

중앙경제평론사는 앞서가는 오늘, 보다 나은 내일이라는 신념 아래 설립된 경제 · 경영서 전문 출판사로서 성공을 꿈꾸는 직장인, 경영인에게 전문지식과 자기계발의 지혜를 주는 책을 발간하고 있습니다.

매출 100배 올리는 서비스 심리학

초판 1쇄 발행 | 2007년 1월 13일
초판 4쇄 발행 | 2008년 10월 30일
지은이 | 김근종(Keunjong Kim)
펴낸이 | 최점옥(Jeomog Choi)
펴낸곳 | 중앙경제평론사(Joongang Economy Publishing Co.)
대 표 | 김용주
편 집 | 한옥수 · 최진호
기 획 | 박기현
디자인 | 신경선 · 김선영
마케팅 | 김치성 · 강동근
관 리 | 이세희
인터넷 | 김회승
출력 | 국제피알 종이 | 신승지류유통 인쇄 · 제본 | 태성문화사
잘못된 책은 바꾸어 드립니다.
가격은 표지 뒷면에 있습니다.

ISBN 89-6054-006-4(04320)
ISBN 89-88486-78-1(세트)

등록 | 1991년 4월 10일 제2-1153호
주소 | ㉾100-789 서울시 중구 왕십리길 160(신당5동 171) 도로교통공단 신관 4층
전화 | (02)2253-4463(代) 팩스 | (02)2253-7988
홈페이지 | www.japub.co.kr 이메일 | japub@naver.com | japub21@empal.com
♣ 중앙경제평론사는 중앙생활사와 자매회사입니다.

※ 이 도서의 국립중앙도서관 출판시도서목록(CIP)은 e-CIP 홈페이지(www.nl.go.kr/cip.php)에서 이용하실 수 있습니다.(CIP제어번호: CIP2006002667)